DERNIÈRES LEÇONS

DU MÊME AUTEUR

Origines de la formation des noms en indo-européen
Maisonneuve, 1935

Noms d'agent et noms d'action en indo-européen
Maisonneuve, 1948

Problèmes de linguistique générale
Tome I, Gallimard, 1966

Le vocabulaire des institutions indo-européennes
Tomes I et II, Minuit, 1969

Problèmes de linguistique générale
Tome II, Gallimard, 1974

Pour l'ensemble de l'œuvre d'Émile Benveniste, on peut se reporter à la bibliographie qu'a établie Mohammad Djafar Moïnfar, publiée en 1975 dans les *Mélanges linguistiques offerts à Émile Benveniste* (Paris-Louvain, coédition de la Société de linguistique de Paris et de Peeters, p. IX-LIII).

Cette bibliographie recense dix-huit ouvrages, deux cent quatre-vingt-onze articles, trois cents comptes rendus et trente-quatre communications à la Société de linguistique de Paris.

Émile Benveniste

Dernières leçons

Collège de France
1968 et 1969

Édition établie par
Jean-Claude Coquet et Irène Fenoglio

Préface de Julia Kristeva
Postface de Tzvetan Todorov

Hautes Études

EHESS
Gallimard
Seuil

« Hautes Études » est une collection
des Éditions de l'École des hautes études en sciences sociales,
qui en assurent le suivi éditorial,
des Éditions Gallimard et des Éditions du Seuil.

Édition établie par
Jean-Claude Coquet et Irène Fenoglio

Préface de Julia Kristeva
Postface de Tzvetan Todorov

ISBN 978-2-02-107197-9

© Seuil/Gallimard, avril 2012

Annexe 1 : « Bio-bibliographie d'Émile Benveniste de Georges Redard »
et Annexe 2 : « Les papiers d'Émile Benveniste »,
© Seuil / Gallimard, février 2012, pour la langue française.

Le Code de la propriété intellectuelle interdit les copies ou reproductions destinées à une utilisation collective. Toute représentation ou reproduction intégrale ou partielle faite par quelque procédé que ce soit, sans le consentement de l'auteur ou de ses ayants cause, est illicite et constitue une contrefaçon sanctionnée par les articles L. 335-2 et suivants du Code de la propriété intellectuelle.

www.seuil.com

Remerciements

Ce livre n'aurait pu voir le jour sans l'accueil exceptionnel que nous avons reçu à la Bibliothèque nationale de France, en la personne de Monique Cohen, d'abord, qui dirigeait ce qui s'appelait alors le « département des manuscrits orientaux », département qui a reçu le legs Benveniste, puis en la personne de Thierry Delcourt qui a dirigé le désormais unique département des manuscrits ainsi qu'en la personne d'Anne-Sophie Delhaye, directrice-adjointe de ce département. C'est dans ce département qu'Émilie Brunet a eu à charge de s'occuper particulièrement de ce fonds ; nous la remercions pour sa collaboration.

Trois auditeurs de Benveniste, aujourd'hui linguistes de renom : Jacqueline Authier-Revuz, Jean-Claude Coquet, Claudine Normand, nous ont proposé leurs propres notes prises durant les dernières leçons du linguiste au Collège de France. Cette précieuse transmission a permis d'établir une continuité du texte du *Cours,* malgré la discontinuité des notes d'Émile Benveniste.

Enfin, cette édition du dernier cours d'Émile Benveniste a bénéficié du travail rigoureux de transcription des manuscrits qu'ont accompli Arlette Attali et Valentina Chepiga. Qu'elles soient ici remerciées pour ce long travail d'attention.

Illustr. 1. Émile Benveniste, photographie de Serge Hambourg, parue dans *Le Nouvel Observateur*, n° 221, 1968

Chronologie biographique
d'Émile Benveniste
1902-1976

1902, le 27 mai   Naissance à Alep (Syrie, Empire ottoman) sous le nom d'Ezra Benveniste.
Son père, Mathatias Benveniste (né à Smyrne en 1863), et sa mère, née Maria Malkenson à Vilna (Russie ; actuellement Vilnius en Lituanie), sont inspecteurs des écoles de l'Alliance israélite universelle (AIU).
Un frère, Henri (né Hillel Benveniste à Jaffa en 1901), déporté en 1942.
Une sœur, Carmelia (née en 1904 à Alep), décédée en 1979.

1913   Arrive à Paris pour faire ses études ; ses parents sont alors en poste à Samokov (Bulgarie). Il a onze ans. Boursier de l'Alliance israélite universelle. Élève au « petit séminaire » de l'école rabbinique, 9 rue Vauquelin.

1918   Baccalauréat (mention « passable », 1 en langues).

Octobre   Lettre de sa mère au président de l'AIU pour lui demander où se trouve son fils qui a quitté l'école rabbinique. Cherche une place de répétiteur dans un lycée.

	S'inscrit à l'École pratique des hautes études.
1919, le 21 avril	Sa mère, Maria Benveniste, meurt à Samokov en Bulgarie. Il ne l'avait sans doute pas revue depuis son départ.
1919-1920	Licence ès lettres.
1920	Diplôme d'études supérieures : *Les futurs et subjonctifs sigmatiques du latin archaïque*, sous la direction de Joseph Vendryes.
1921, le 3 mai	« Admission à domicile avec droits civils ».
1922	Inscription à l'École des langues orientales. Le père et les trois enfants s'installent à Montmorency.
1922	Agrégation de grammaire (reçu neuvième).
1922-1924	Enseigne au collège Sévigné, à Paris.
1924, le 9 octobre	Naturalisation française. Change son prénom *Ezra* en *Émile*.
1924-1925	Il passe dix-huit mois à Poona (au sud-est de Bombay) comme précepteur des enfants Tata, célèbre famille d'industriels.
1925	Cosigne trois articles dans *L'Humanité*, l'un avec Henri Barbusse : L'« Appel aux travailleurs intellectuels : oui ou non, condamnez-vous la guerre ? » et les deux autres avec des proches du groupe surréaliste (Louis Aragon, André Breton, Paul Éluard) : « La Révolution d'abord et toujours » ; « Clarté, Philosophies, La Révolution surréaliste solidaires du Comité central d'action contre la guerre du Rif ».
Juillet	Signataire du manifeste des intellectuels contre la guerre du Rif.

Chronologie biographique 11

1926 (mai) *à 1927 (novembre)*	Service militaire comme simple soldat au Maroc, mais opposé à cette guerre que menait la France contre Abd el-Krim.
1927-1969	Directeur d'études à l'École pratique des hautes études. Succède à Antoine Meillet (IVe section, chaire de grammaire comparée).
1935	Docteur ès lettres. Parution de sa thèse : *Origines de la formation des noms en indo-européen* (Paris, Maisonneuve).
1937	Succède à Antoine Meillet à la chaire de grammaire comparée au Collège de France.
1940-1941	Prisonnier de guerre. S'évade, vit clandestinement en France et s'exile en Suisse grâce à l'aide de Jean de Menasce, iranisant. Celui-ci lui procure une place de bibliothécaire à l'université cantonale de Fribourg.
1942	Son frère Henri, victime de la rafle du Vel' d'Hiv', est arrêté en bas de chez lui, à Paris, et déporté sans retour par le convoi n° 36 pour Auschwitz le 23 septembre.
1956	Secrétaire de la Société linguistique de Paris.
Décembre	Premier infarctus.
1959-1970	Secrétaire de la Société de linguistique de Paris.
1960	Élu membre de l'Institut, Académie des inscriptions et belles-lettres. Auteur du texte consacré à la linguistique dans le *Rapport de conjoncture du CNRS*.
1963	Directeur de l'Institut d'études iraniennes de l'université de Paris.
1964	Directeur de la *Revue d'études arméniennes*.

1968, du 25 août au 1ᵉʳ septembre	Préside à Varsovie le premier symposium international de sémiotique.
1969	Premier président de l'Association internationale de sémiotique (*International Association for Semiotic Studies*) nouvellement créée.
1969, le 6 décembre	Attaque cérébrale qui le laisse définitivement paralysé et le prive de parole.
1976, le 3 octobre	Émile Benveniste meurt à Versailles où il est enterré au cimetière des Gonards.

PRÉFACE

*Émile Benveniste, un linguiste
qui ne dit ni ne cache, mais signifie*

Julia KRISTEVA

Qu'est-ce qu'un grand linguiste ? Les grands linguistes se distinguent en ceci que, connaissant et analysant *les langues*, ils découvrent des propriétés du *langage* au travers desquelles ils interprètent et innovent l'« être au monde » des sujets parlants. Je risque cette définition pour mettre en perspective l'œuvre d'Émile Benveniste (1902-1976) avec celles de certains de ses prédécesseurs qui, quoique méticuleuses et froides en apparence, n'en ont pas moins accompagné et accéléré certaines étapes les plus décisives de l'aventure humaine. Pensons aux humanistes et grammairiens du XVIe siècle tels Scaliger et Ramus, dont l'analyse du rapport entre le langage et la pensée, du latin aux langues modernes, a favorisé la constitution et le développement des langues nationales ; à Lancelot et Arnauld dont la *Grammaire générale et raisonnée* (1660), davantage que la *Logique de Port-Royal* (1662), en introduisant la notion de « signe », en tentant de déterminer « ce que la langue a de spirituel » et en appuyant le jugement sur l'« usage grammatical », inscrivit le sujet cartésien dans la syntaxe de la langue ; à l'« historicisme » du XIXe siècle et à la philologie comparée de Franz Bopp et Rasmus Rask puis Humboldt, enfin, qui, mettant en évidence après Hegel et Herder la parenté du sanscrit avec les langues indo-européennes, confirma le poids de l'histoire dans l'activité évolutive du langage.

Les conflits tragiques du XXe siècle tendent à faire oublier qu'il fut aussi le temps d'une exceptionnelle exploration du langage mis au cœur de la condition humaine : activité centrale, c'est la langue qui conditionne, contient et éclaire toutes les expériences humaines. La phénoménologie, la logique formelle, la philosophie analytique, le structuralisme, la grammaire générative, les sciences de l'homme interrogeant dans le langage le sens des comportements et des institutions, sans oublier la psychanalyse qui annexe le sexe et empiète sur la biologie, se sont développés alors même qu'une explosion sans précédent des formes littéraires, des avant-gardes artistiques et des singularités stylistiques bouleversait le domaine des lettres. Lucide aventure qui, observée avec recul, semble annoncer l'éclatement des systèmes de signes conventionnels et la marée des nouvelles et virtuelles hyperconnexions qui promettent autant de liberté que de chaos.

Au sein de ce foisonnement dans lequel elle s'inscrit pleinement, l'œuvre d'Émile Benveniste – si toutefois nous nous donnons la peine de mettre en résonance la complexité de sa pensée avec les avancées de la philosophie, des sciences humaines et avec les nouvelles formes de l'art et de la littérature – « contacte » les difficultés de notre siècle. Car elle éclaire en profondeur les propriétés universelles de la langue sous-jacentes à cette liberté créatrice de l'esprit humain qu'elle ne cesse d'ausculter. Le lecteur attentif à la trajectoire de Benveniste, et qui ne laissera pas son attention se détourner vers une linguistique pressée d'urgences techniques dans une société en perte de sens et cerclée par la « com' », découvrira dans ses *Dernières leçons* que ses « théories générales » contribuent à sonder des logiques profondes qui traversent jusqu'à nos écritures numériques. Sont-elles des *chats* en manque de « subjectivité », ou au contraire des voies d'« engendrement » de nouvelles « signifiances » ?

Émile Benveniste fut un savant austère, un très grand connaisseur des langues anciennes, expert en grammaire comparée, autorité en linguistique générale. Il connaissait le sanscrit, le hittite, le tokharien, l'indien, l'iranien, le grec, le latin, toutes les langues indo-européennes, et, à la cinquantaine passée, s'est plongé dans les langues amérindiennes. Pourtant son œuvre, d'une audace impressionnante, tout en retenue et d'une modestie apparente, demeure relativement méconnue et peu visible de nos jours.

Né à Alep en Syrie en 1902 au sein d'une famille juive et polyglotte[1], Ezra Benveniste émigre en France dès 1913 où il devient élève au « petit séminaire[2] » de l'école rabbinique de France. Ses prédispositions exceptionnelles pour les langues attirent l'attention de Sylvain Lévi, qui le présente au grand Antoine Meillet (à moins que le lien ne soit fait par Salomon Reinach[3]). Ezra Benveniste intègre l'École pratique des hautes études (EPHE) en 1918, devient licencié ès lettres l'année suivante, obtient l'agrégation de grammaire en 1922, après quoi, pur produit de l'enseignement laïque de la République française, il est naturalisé en 1924 et choisit de se prénommer Émile. Durant ces années de formation, il noue des liens étroits avec de jeunes philosophes et linguistes, normaliens plus ou moins révoltés, libertaires, antimilitaristes, voire sympathisants communistes, et croise notamment les surréalistes. Il part en Inde en 1924 comme précepteur dans une famille de grands industriels, avant de remplir bon gré mal gré ses obligations militaires au Maroc en 1926. De retour en France, il devient l'élève d'Antoine Meillet auquel il succède comme directeur d'études (chaire de grammaire comparée) à l'EPHE, où il exerce une forte influence sur ses collègues. Il intègre le Collège de France en 1937, succédant au même Antoine Meillet à la chaire de grammaire comparée. Il est fait prisonnier de guerre en 1940-1941, parvient à s'évader et se réfugie en Suisse, à Fribourg (où résident également Balthus, Alberto Giacometti, Pierre Emmanuel et Pierre-Jean Jouve), échappe ainsi aux persécutions nazies, mais son appartement est pillé. Son frère Henri est arrêté puis déporté à Auschwitz en 1942, où il meurt. Avec les plus grands noms de l'intelligentsia israélite (Benjamin Crémieux, Georges Friedman, Henri Lévy-Bruhl, etc.), il signe la

1. Sa mère, Marie Benveniste (née à Vilna, aujourd'hui en Lituanie), enseigne l'hébreu, le français et le russe à l'école de l'Alliance israélite universelle de Samokov (Bulgarie) ; son père, Mathatias Benveniste (né à Smyrne), parle le ladino ; l'environnement de sa petite enfance est de langue turque, arabe, grec moderne, slave probablement. Beaucoup de grands linguistes français du début du XXe siècle, d'origine juive, sont portés à l'étude des langues par le multilinguisme de leur milieu familial (les frères Darmesteter – James et Arsène –, Michel Bréal, Sylvain Lévi).
2. Un « Talmud Torah » qui devait donner aux élèves un bagage de culture juive, amener les jeunes au baccalauréat et leur permettre de se préparer au rabbinat. Les élèves y apprennent le latin, le grec, l'hébreu, l'allemand et, avec un soin tout particulier, le français.
3. Voir Françoise Bader, « Sylvain Lévi », in *Anamnèse*, n° 5 : *Trois linguistes (trop) oubliés*, L'Harmattan, 2009, p. 141-170.

lettre collective organisée par Marc Bloch, et adressée le 31 mars 1942 à l'UGIF, pour attirer l'attention sur la politique de Vichy faisant des Juifs une catégorie à part, prélude à la déportation[4]. Après la Libération, Benveniste reprend son enseignement à l'EPHE et au Collège de France, formant plusieurs générations d'étudiants, mène des enquêtes linguistiques « sur le terrain » en Iran, en Afghanistan puis en Alaska, et participe à de nombreux colloques internationaux de linguistique. Il devient membre de l'Institut (Académie des inscriptions et belles-lettres) en 1960, directeur de l'Institut d'études iraniennes en 1963, et président de l'Association internationale de sémiotique en 1969. Survenu le 6 décembre, un accident cérébral, qui le laisse handicapé sept ans durant, jusqu'à sa mort, met un terme à sa carrière.

Cette biographie concise d'un « israélite agnostique », d'un Français nomade, est avant tout celle d'un homme qui fit du *langage* le *chemin* d'une vie, et nous transmit par son œuvre la pensée de cette expérience.

Benveniste laisse une « œuvre inachevée », dit-on parfois, dans une formule qui risque de minorer la portée des textes. Inachevée, certes, l'attaque ayant laissé l'homme dans une situation insoutenable : celle d'un grand linguiste privé de l'usage de la parole et paralysé. Mais « inachevée » aussi dans un sens absolument nécessaire, parce que telle est l'*expérience du langage* qu'il a faite et théorisée en un siècle où la diversité des courants de pensée, multipliant les pistes et les interrogations tant épistémologiques qu'esthétiques, imposait à l'homme ancré dans son temps qu'il fut le refus *héraclitéen* de « dire », de construire un « message » fermé, clos, donné définitivement en un système achevé. Au sein de cette diversité foisonnante à laquelle il fut toujours attentif (de la philologie comparée à Ferdinand de Saussure, du structuralisme à la syntaxe chomskyenne, du surréalisme à l'« après-Nouveau Roman »), il pratiqua ce qu'il faut bien appeler un style de pensée *benvenistien*, où le détail morphosyntaxique *rejoint* l'interrogation permanente des catégories fondamentales, linguistiques et/ou philosophiques[5], et

---

4. Les signataires adjurent l'UGIF « de maintenir entre nos frères français et nous une union aussi étroite que possible [...] de ne rien tenter [...] qui puisse nous isoler moralement de la communauté nationale à laquelle, même frappés par la loi, nous restons fidèles. » Voir Marc Bloch, *L'Étrange Défaite* (1946), Gallimard, coll. « Folio », 1990, p. 314-319.

5. Et dont l'exemple le plus concret est son *Vocabulaire des institutions indo-européennes* (2 vol., Paris, Minuit, 1969).

qui se caractérise, outre par le refus de « dire », par un évitement de l'esthétisme qui « cache » (quoiqu'il y fût sensible un temps, comme en témoigne son autoanalyse littéraire, *Eau virile*[6]), par la volonté de « signifier » (ouvrir à la pensée, problématiser, questionner) et de déterminer comment *signifier* s'engendre dans l'appareil formel du langage.

Qu'est-ce donc que « signifier » ? La question métaphysique conduit Benveniste à la recherche d'une solution « matérielle », dans le fonctionnement même du langage : « ça signifie » est synonyme pour lui de « ça parle », et c'est donc sans le recours à quelque « réalité externe » ou « transcendantale », mais dans les « propriétés » du langage même, qu'il prospecte et analyse les possibilités de faire sens, spécifiques de cet « organisme signifiant » qu'est l'humanité parlante.

Le jeune homme né au cœur de l'Empire ottoman, boursier de l'Alliance israélite universelle, ne devint donc pas rabbin[7]. À un moment de l'histoire où la guerre des Six-Jours (1967) et celle du Kippour (1973) n'avaient pas encore suscité chez maints israélites agnostiques le désir d'un retour au Dieu des Pères, c'est par la devise d'Héraclite, *Oute légei, oute kryptei, alla sémainei*[8] (à moins qu'elle ne traduise l'imprononçable tétragramme YHWH : l'être identifié à ce qui est et sera, à la « signifiance »), qu'il résume son ambition d'étudier le « pouvoir signifiant » dans les propriétés mêmes du langage. Un *chemin*, précisément, qui « ne dit ni ne cache, mais signifie », et qui le mène de l'étude de la Grèce présocratique (explicitement), de la Bible et des Évangiles

---

6. En écho à Rilke, cet aveu condensé et allusif exprime la nostalgie du jeune linguiste pour une mère quittée à l'âge de onze ans, et qui meurt sans qu'il l'ait revue lorsqu'il a dix-sept ans. Sensible à la « violence latente virile » qui l'attire sous les apparences « superficiellement féminines » d'un maternel vigoureux et « robuste comme un homme », Benveniste compose son autoportrait sous les traits des poètes (des célibataires ?), depuis Homère (le « Vieux de la mer ») jusqu'à Lautréamont (« Vieil Océan, ô grand célibataire ! »). Voir *Philosophies*, n° 1, 15 mars 1924 – année de la parution du premier *Manifeste du surréalisme*.

7. L'école rabbinique de la rue Vauquelin formait en Europe des rabbins pour les communautés en Orient et en Afrique, « comme on formait des instituteurs pour les écoles ». Dans une lettre d'octobre 1918, la mère de l'élève écrit que la « situation à l'école » de son fils Ezra est « devenue intenable » : il est attiré par les langues et fera des études de lettres (voir Françoise Bader, « Une anamnèse littéraire d'É. Benveniste », in *Incontri Linguistici*, n° 22, Rome, 1999, p. 20).

8. Voir Émile Benveniste, *PLG II*, p. 229.

(implicitement) à celle des savoirs modernes issus de la sécularisation, et tout spécialement de la linguistique générale, qu'il se propose de *moduler* de telle manière qu'elle puisse analyser comment s'organise la langue pour créer du sens (Première leçon).

La double signifiance

Benveniste appréhende donc le « sens » en faisant abstraction de sa « valeur » philosophique, morale ou religieuse. C'est la recherche du *sens dans sa spécificité linguistique* qui « commande le discours sur la langue » des *Dernières leçons* ici réunies et introduites par les soins de Jean-Claude Coquet et Irène Fenoglio. « *Nous posons quant à nous* [nous soulignons] que la langue, dans sa nature essentielle qui commande toutes les fonctions qu'elle peut assumer : sa nature *signifiante*. » La « signifiance » qui « informe » la langue ainsi posée est une propriété qui « transcende » « toute utilisation particulière ou générale », ou encore une « caractéristique que nous mettrons au premier plan : la langue signifie ».

Nous sommes le 2 décembre 1968, sept mois après le fameux Mai 68. Le lecteur naïf, à ce moment comme aujourd'hui, s'étonne : est-ce si original ? À quoi bon une langue si elle ne signifie pas quelque chose ? Certes. Mais savez-vous ce que vous entendez au juste par « signifier » ? Et si « communiquer », « vouloir dire », « porter un message » ne se confondaient pas avec « signifier » ? Central en philosophie du langage, mais en tant que porteur de « vérité », le *sens* n'est pas vraiment le problème des linguistes, rappelle Benveniste. Le *sens* est laissé « hors de la linguistique » (*PLG II*, 1967, p. 216) : soit « écarté », car suspecté d'être trop subjectiviste, fuyant, indescriptible sous les aspects de la forme linguistique ; soit reconnu, mais « réduit » (Leonard Bloomfield, Zellig Harris) à des invariants structuraux morphosyntaxiques, « distributionnels », dans un « corpus donné ». Selon Benveniste, au contraire, « signifier » constitue un « principe interne » du langage (Leçon 3). Avec cette « idée neuve », souligne-t-il, « nous sommes jetés dans un problème majeur, qui embrasse la linguistique et *au-delà* ». Si quelques précurseurs (John Locke, Saussure et Charles Sander Peirce) ont démontré que nous « vivons dans un univers de signes » dont la langue est le premier, suivi des signes d'écriture, de reconnaissance, de ralliement, etc. (Première leçon), Benveniste entend montrer comment l'*appareil formel* de la langue la rend capable non seulement de « dénommer » des objets et des situations, mais surtout de « générer » des *discours* aux significations originales, aussi individuelles que partageables dans les échanges avec autrui. Mieux même, comment, non content de s'autogénérer, l'organisme de la langue génère aussi d'autres *systèmes de signes* qui lui ressemblent ou augmentent ses capacités, mais dont elle est le seul système signifiant capable de fournir une *interprétation*.

Les travaux de Benveniste recueillis dans le tome I de ses *Problèmes de linguistique générale* (1966), tout en s'appuyant sur l'étude des langues anciennes et sur la linguistique comparée, répondaient déjà à ces questions théoriques. Un second Benveniste, éclairant et déplaçant les principales interrogations de sa première linguistique générale, apparaît dans le tome II des *Problèmes de linguistique générale* (1974), publié après qu'il eut subi son attaque et qui réunit des articles écrits de 1965 à 1972. La lecture attentive de ces deux volumes permet de distinguer deux étapes majeures dans *l'évolution de sa pensée*, dont le lecteur du présent ouvrage doit être averti afin de saisir toute la portée innovante des *Dernières leçons*.

Dès le premier tome de son œuvre maîtresse, le théoricien propose une linguistique générale qui s'écarte de la linguistique structurale, mais aussi de la grammaire générative qui dominent le paysage linguistique de l'époque, et avance une linguistique du *discours*, fondée sur l'*allocution* et le dialogue, ouvrant l'énoncé vers le processus d'*énonciation*, la *subjectivité* et l'*intersubjectivité*. Dans le sillage de la philosophie analytique (les énoncés performatifs), mais aussi de la psychanalyse freudienne, Benveniste conçoit la *subjectivité dans l'énonciation* comme un émetteur bien plus complexe que le sujet cartésien, car il l'élargit à l'« intentionnel » (emprunté à la phénoménologie existentielle). De surcroît, et sans y paraître, il esquisse une ouverture vers le sujet de l'« inconscient ». Pas vraiment « structuré comme un langage », mais travaillé par une « force anarchique » (pulsionnelle ?) que le langage « refrène et sublime », bien que par « déchirures » elle puisse introduire en lui un « nouveau contenu, celui de la motivation inconsciente et un symbolisme spécifique », « quand le pouvoir de la censure est suspendu[9] ».

9. « Remarques sur la fonction du langage dans la découverte freudienne », *PLG I*, p. 78, 1956.

Une nouvelle dimension de la linguistique générale selon Benveniste se révèle cependant dans le second tome. En discussion avec Saussure et sa conception des éléments distinctifs du système linguistique que sont les signes, Benveniste propose deux types dans la signifiance du langage : « le » *sémiotique* et « le » *sémantique*.

Le *sémiotique* (de « semeion », ou « signe », caractérisé par son lien « arbitraire » – résultat d'une convention sociale – entre « signifiant » et « signifié ») est un sens clos, générique, binaire, intralinguistique, systématisant et institutionnel, qui se définit par une relation de « paradigme » et de « substitution ». Le *sémantique* s'exprime dans la phrase qui articule le « signifié » du signe, ou l'« intenté » (fréquente allusion à l'« intention » phénoménologique de Husserl, dont la pensée influence certains linguistes comme Hendrik Josephus Pos). Il se définit par une relation de « connexion » ou de « syntagme », où le « signe » (le *sémiotique*) devient « mot » par l'« activité du locuteur ». Celle-ci met en action la *langue* dans la situation du *discours* adressé par la « première personne » (je) à la « deuxième personne » (tu), la troisième (il) se situant hors discours. « Sur le fondement sémiotique, la langue comme discours construit une sémantique propre : la signification de l'intenté produit par la syntagmation des mots où chacun d'entre eux ne retient qu'une partie de la valeur qu'il a en tant que signe » (*PLG II*, p. 60 *sq.* et p. 229).

Formulée en 1967-1968 (*PLG II*, p. 63 *sq.* et p. 215 *sq.*) devant le congrès de la Société de philosophie de langue française, puis devant le symposium de Varsovie fondateur de l'AIS en 1968 (*PLG II*, p. 43 *sq.*), cette conception *duelle* de la signifiance ouvre un nouveau champ de recherche. Benveniste insiste sur le dépassement de la notion saussurienne du signe et du langage comme système et souligne son importance, à la fois *intralinguistique* – ouvrir une nouvelle dimension de la signifiance, celle du discours (le sémantique), distincte de celle du signe (le sémiotique[10]) – et *translinguistique* – élaborer une métasémiotique des textes et des œuvres, sur la base de la sémantique de l'énonciation (*PLG II*, p. 66). Et donne une idée plus précise des perspectives immenses qui s'ouvrent ainsi : « Nous sommes tout

---

10. C'est Antoine Culioli qui réalise ce projet dans sa « théorie des opérations énonciatives », en étudiant l'activité du langage à travers la diversité des langues nationales.

à fait au commencement », aussi est-il encore « impossible de définir de manière générale » où mènera cette orientation qui, traversant la linguistique, « obligera à réorganiser l'appareil des sciences de l'homme » (*PLG II*, p. 238).

Les *Dernières leçons* de Benveniste poursuivent cette réflexion en *s'adossant* sur un nouveau continent, celui du langage poétique, comme en témoignent les notes manuscrites consacrées à Baudelaire[11], qui développent en les déplaçant des notions clés des leçons.

Entre le second tome des *Problèmes de linguistique générale* et les manuscrits consacrés à la langue poétique, les *Dernières leçons* se proposent dans un premier temps de démontrer que « signifier », qui constitue la « propriété initiale, essentielle et spécifique de la langue », ne s'enferme pas dans les unités-signes (telles que le concevait Saussure), mais « transcende » les fonctions communicative et pragmatique de la langue ; et, dans un second temps, de spécifier les termes et les stratégies de cette « signifiance » en tant qu'elle est une « expérience » à proprement parler vitale (comme il l'avait annoncé dans *PLG II*, p. 217 : « Bien avant de servir à communiquer, le langage sert à vivre »).

Fort logiquement, Benveniste introduit cette réflexion par un hommage à Saussure et Charles Sanders Peirce. Du premier il reconnaît l'« importance particulière » et définit l'œuvre comme un « nouveau moment de l'analyse », une « démarche fondamentale dans l'histoire de la pensée » (chap. 3 « Dernière leçon, dernières notes ») où, pour la première fois, « se forme la notion de signe » et de « science des signes » (Leçon 3). Du second, il mentionne la « notion universelle » du signe divisée en trois « classes » et détaillée en multiples « catégories », fondées sur une « triade » elle aussi « universelle » (Leçon 2). Mais cette lucide reconnaissance de dette envers ses prédécesseurs lui donne l'occasion de montrer avec fermeté leurs limites. Ainsi Ferdinand de Saussure « ne prend pas appui sur le signe » ; laisse ouverte une possible « extériorité » du signe ; n'aborde pas la question des rapports entre les systèmes de signes et la « spécificité de la langue », laquelle « produit » (« engendre ») de nouveaux systèmes de signes, en tant qu'elle en est le seul « interprétant » ; ou encore « ne s'applique pas à la langue

---

11. BNF, PAP. OR. DON 0429, env. 6 à 22. Chloé Laplantine en propose une transcription (Limoges, Éditions Lambert-Lucas, 2011).

comme production » (Dernière leçon). Peirce quant à lui ne fonde pas sa théorie sur la langue, mais seulement sur le mot ; sa théorie excelle dans la description des nombreuses diversités de signes, mais elle ignore la langue, et il manque à sa logique une organisation systématique des différents types de signes (Leçon 3)[12].

Cet inventaire contribue à clarifier de nouveau l'enjeu de la nouvelle linguistique générale selon Benveniste : « Nous devons prolonger cette réflexion au-delà du point indiqué par Saussure » (Leçon 4). Et ceci, notamment, en développant un « nouveau rapport », inexistant chez Saussure : le « rapport d'interprétation entre systèmes ». La langue, précisément – unique au sein de la diversité des systèmes signifiants en ceci qu'elle possède la capacité de s'auto-interpréter et d'interpréter les autres (musique, image, parenté) –, est « le système interprétant » : elle « fournit la base des relations permettant à l'interprété de se développer comme système ». La langue est, de ce point de vue, hiérarchiquement le premier des systèmes signifiants, qui entretiennent entre eux une relation d'*engendrement* (Leçon 5).

L'écriture : centre et relais

La « double signifiance » de la langue, précédemment esquissée, est développée par le levier de l'écriture, qui réalise et révèle sa capacité de « production » et d'« engendrement ». Toutefois, et bien que le terme d'« écriture » soit alors au centre de la création philosophique et littéraire en France[13], le linguiste ne s'y réfère pas explicitement, mais il en construit le concept dans le cadre de sa théorie générale de la signifiance de la langue.

Pour prendre ses distances avec la sémiologie saussurienne qui, en « confondant l'écriture avec l'alphabet, et la langue avec

---

12. Benveniste emprunte pourtant au philosophe américain le terme d'« interprétant », tout en précisant qu'il n'utilise que cette « dénomination isolée » et, surtout, dans un sens « différent » (Leçon 5), que l'on présume phénoménologique. La « tiercéité » de Peirce aurait pu pourtant étayer la structure du sujet de l'énonciation (structure « œdipienne » pour Freud) dans *le sémantique* selon Benveniste.

13. Avec Roland Barthes, *Le Degré zéro de l'écriture* (1953), *Éléments de sémiologie* (1965), Jacques Derrida, *De la grammatologie* (1967), *La Voix et le Phénomène* (1967), et dans le domaine littéraire, après le « Nouveau Roman », avec Philippe Sollers, *Drame* (1965), *Logiques* (1968), *Nombres* (1968), *L'écriture et l'expérience des limites* (1971).

une langue moderne », postule que l'écriture est « subordonnée à la langue » (Leçon 8), Benveniste interroge l'acte d'écrire, l'apprentissage de l'écriture et les types constitués au cours de l'histoire. En prenant soin cependant de souligner qu'il ne cherche pas l'« origine de l'écriture », mais les diverses solutions de la « représentation graphique » de la signifiance (Leçon 9).

Il s'agira d'abord de mettre en question le rapport « on ne peut plus intime » qu'a élaboré la civilisation du livre entre l'écriture, la langue, la parole et la pensée, c'est-à-dire de dissocier celles-ci afin d'envisager « en soi et pour soi » l'écriture comme un « système sémiotique » particulier. Ainsi découplée de la parole, l'écriture apparaît comme une « abstraction de haut degré » : le locuteur écrivant s'extrait de l'activité verbale « vivante » (gestuelle, phono-acoustique, reliant soi à autrui dans un dialogue) et la « convertit » en « images », en « signes tracés à la main ». Avec des pertes importantes, certes, l'image se substituant à la parole comme outil d'« extériorisation » et de « communication ».

De subtils bénéfices, toutefois, suppléent à ces pertes, abstraction faite même de la fonction « utilitaire » de l'écriture (mémoriser, transmettre, communiquer le message). « Première grande abstraction », l'écriture, en faisant de la langue une « réalité distincte », détachée de sa richesse contextuelle et circonstancielle, permet au locuteur-écrivain de réaliser que la langue ou la pensée sont faites des « mots » représentés en signes matériels, en images. Plus encore, cette « iconisation de la pensée » (Leçon 8) est la source d'une « expérience unique » du « locuteur avec lui-même » : ce dernier « prend conscience » que ce « n'est pas de la parole prononcée, du langage en action » que procède l'écriture. « Global », « schématique », « non grammatical », « allusif », « rapide », « incohérent », ce *langage intérieur*, « intelligible pour le parlant et pour lui seul », confronte celui-ci à la tâche considérable de réaliser une « opération de conversion de sa pensée » dans une forme intelligible à d'autres.

Ainsi comprise, la « représentation iconique » construit *ensemble* la parole et l'écriture : elle « va de pair avec l'élaboration de la parole et l'acquisition de l'écriture ». À cette étape de sa théorisation, et à l'encontre de Saussure, Benveniste remarque que, loin d'être « subordonné », le signe iconique associe la pensée au graphisme et à la verbalisation : « La représentation iconique se développerait *parallèlement* à la représentation linguistique », ce qui laisse entrevoir une autre relation entre *pensée* et *icône*, « moins littérale » et « plus globale » que la relation entre *pensée* et *parole* (Leçon 8).

Cette hypothèse associant l'écriture au « langage intérieur », qui sera modifiée plus loin, renoue avec les interrogations antérieures de Benveniste sur la « force anarchique » de l'inconscient freudien (*PLG I*, p. 78). Le « langage intérieur » que l'écriture cherche à « représenter » serait-il lié aux « défaillances », « jeux » et « libres divagations » dont Benveniste, lecteur de Freud et des surréalistes, découvrait l'origine dans l'inconscient ? Les notes concises des *Dernières Leçons* sur l'écriture rappellent l'œuvre antérieure du linguiste, et complètent l'*intenté* phénoménologique qu'il insère dans le sémantique du discours par une « motivation » d'un autre ordre. Le « langage intérieur » du parlant-écrivant ne se limiterait pas à la propositionnalité propre à l'ego transcendantal de la conscience et à son « intention », mais pourrait dessiner en creux, dans sa théorie de la subjectivité, une diversité d'espaces subjectifs : des typologies ou topologies des subjectivités dans l'engendrement de la signifiance. L'« expérience poétique » de Baudelaire, nous le verrons, confirme et précise cette avancée.

Quant à l'histoire de l'écriture, elle apporte un nouvel ajustement du rapport de la langue à l'écriture, et constitue une nouvelle étape dans la théorie de la signifiance chez Benveniste.

L'écriture pictographique, signe de la réalité extérieure, « récite » un message déjà constitué par la « langue d'un autre » (Leçon 9) : elle « ne parle pas » au sens où la langue parlante est une « création ». Aussi loin que l'on remonte dans sa préhistoire, l'écriture « décrit » des « événements » : si elle est « parallèle » au langage, elle n'est pas son « décalque ». Ce constat ouvre une question qui reste en suspens : la spécificité du pictogramme, qui « récite » (re-produit) mais ne « crée » pas (ne produit pas), demeure-t-elle sourdement latente dans toute iconisation du langage ? Cette particularité n'est-elle pas plus marquée encore dans certaines écritures modernes (numériques, par exemple) ? Et si oui, à quelles conditions ? Avec quelles conséquences pour le sujet de l'énonciation ?

Deux révolutions marquantes dans l'histoire de l'écriture éclairent la double signifiance de la langue. La première réside dans la découverte d'une *graphie* reproduisant la *phonè* en un *nombre limité de signes*, ce qui revient à reproduire non plus le contenu du message porteur d'événements, mais la *forme linguistique* de ce message. La « chance » en revient à la Chine : moins parce que dans la langue chinoise, monosyllabique, chaque unité sémiotique est une unité formelle et non décomposable (un mot = une syllabe) que par le génie inventif de ceux qui l'ont conçue, qui ont réussi à attribuer à chaque « signifiant » (*phonè*) un signe (*graphè* : caractère) – avec des « clés » pour désambiguïser les homophones (Leçon 11).

Prendre conscience du flux de la parole, décomposer les mots, réaliser qu'ils sont polysyllabiques : ce processus entraîne une segmentation supérieure. Pour les langues polysyllabiques, ce sera la *segmentation en syllabes*, avec des variantes : le sumérien et l'écriture cunéiforme où « la filiation est claire entre l'image et le référent » ; son adaptation à l'akkadien (sémitique) ; la méthode du « rébus » dans les hiéroglyphes égyptiens (un dessin = une syllabe : « chat » + « pot » = chapeau) (Leçon 10).

Une « étape décisive » dans l'histoire des « représentations graphiques » de la langue est franchie dans les écritures sémitiques *alphabétiques*. L'hébreu en est un exemple majeur, que Benveniste ici ne développe pas en particulier, quoiqu'il en rappelle l'organisation spécifique : le *schéma consonantique* porte le sens (*le sémantique*), tandis que la *fonction grammaticale* revient à la *vocalisation*.

L'alphabet grec, en revanche, décompose la syllabe elle-même et donne le même statut aux consonnes qu'aux voyelles. Ce changement révèle le rôle de la *voix* dans toute articulation verbale – « l'*unité de décomposition* de la parole sera donc une voyelle ou un segment incluant une voyelle (CV ou VC) ». Du reste, pour le linguiste aussi, la syllabe est une « unité *sui generis* » (Leçon 11) qui permet de reproduire par l'écriture l'« articulation naturelle de la langue » et de matérialiser les relations grammaticales avec lesquelles cette langue explicite les positions subjectives dans l'acte de l'énonciation.

Deux types de langues se dégagent à partir de ce traitement métasémiotique du rapport qu'elles entretiennent à l'écriture : celles où prédominent l'étymologie ou le sémantique (le phénicien et l'hébreu) ; celles, ensuite, où la vocalisation distingue voyelles et consonnes, et où les variations grammaticales, qui détruisent souvent les relations étymologiques, conduisent à un affinement du système flexionnel (modifications morphologiques par affixation exprimant les catégories grammaticales).

Une relation « consubstantielle » entre écriture et langue se dégage ainsi et peut être exprimée dans ces termes : les types d'écritures accomplissent l'auto-sémiotisation, c'est-à-dire la prise de conscience des types de langues auxquelles elles correspondent – « L'écriture a toujours et partout été l'instrument qui a permis à la langue de se sémiotiser elle-même » (Leçon 12). *Ensemble,* écriture et langue constituent différents types de signifiance. Et puisque les langues comprises comme des expériences d'énonciation « contiennent » le référent tout autant que les expériences subjectives des locuteurs dans leurs actes et leurs échanges discursifs (Leçons 1 à 7), ce sont bien différentes manières d'*être au monde* que ces types d'écritures révèlent, consolident et recréent. Ainsi se dessine une « ligne de partage » assez nette : à l'Est (en Mésopotamie, en Égypte et jusqu'en Chine) prédominent des « civilisations de l'écrit » caractérisées par le primat de l'écriture, où le scribe (le « sage calligraphe » en Chine) joue un rôle central dans l'organisation de la société ; tandis qu'à l'Ouest, dans le monde indo-européen, une dévalorisation, voire un certain « mépris » de l'écriture (chez Homère, *grapho* ne signifie que « gratter »), prévalent (Leçon 14).

À peine esquissée, cette typologie des signifiances à travers les types d'écritures paraît déjà riche de potentialités pour la recherche en sémantique et en sémiologie de l'énonciation. On pourrait envisager ainsi (Leçon 14), parmi d'autres pistes, de déterminer les spécificités sémiotiques et sémantiques des textes de la Bible, et de sonder la subjectivité de ses locuteurs comme de ses destinataires. Ou encore d'interroger l'opposition faite par saint Paul entre « lettre » et « esprit » : doit-on l'entendre comme une dyade réunissant, d'une part, le sémiotique biblique (la « lettre ») qui est toujours déjà sémantique dans les mots hébreux – par l'empreinte polysémique du graphisme mémorisant le message ou l'histoire de la tradition – et, d'autre part, le discours d'une subjectivité évangélique qui s'actualise dans le temps de l'expression, du paraître et de la communication discursive – manifestés et clarifiés par les catégories et les modalités de la grammaire grecque ? Comment comprendre qu'avec « les notions nouvelles attachées à l'écrit » apparaisse la « civilisation laïque » (Leçon 14) ? Doit-on en déduire que la diversité des écritures (notamment par le truchement de la *traduction* du latin dans les langues vernaculaires) et d'autres systèmes de signes qui élargissent l'auto-sémiotisation de la langue dans une civilisation sécularisée favorisent sa capacité d'engendrer du sens, et prédisposent les subjectivités présentes en elle à créer de nouvelles expériences signifiantes ? Ou, au contraire, qu'une certaine « laïcité » succédant au christianisme pourrait privilégier le *sémantique* d'un discours pour communicants, au détriment du *sémiotique* du langage intérieur ?

Sans explorer plus loin ces programmes à peine esquissés, et sans aller non plus dans la direction du relativisme linguistique, mais en ouvrant des perspectives complémentaires de celles proposées par Edward Sapir, Benveniste s'en tient strictement au plan de la linguistique générale et marque une nouvelle étape de sa pensée. À la lumière de cette participation des diverses écritures à la révélation et au développement de la double signifiance des langues, l'auteur soutient que l'écriture est non seulement *parallèle* à la langue (et aux types de langues), mais qu'elle les *prolonge*. L'iconisation déclenche et affine la formalisation de la langue, de sorte que progressivement l'écriture se littéralise. « Elle sémiotise tout » : l'écriture est un système de signes qui « ressemble beaucoup plus au langage intérieur qu'à la chaîne du discours » (Leçon 12).

Une nouvelle caractéristique du « langage intérieur » se précise ici : « avant » même le scribe sacré (qui sémantise d'emblée la langue, par le graphisme sémantique des écritures syllabiques sémitiques ; ou par l'invention des caractères chinois où chaque signifié a son image), c'est logiquement le langage intérieur qui « sacre » en formulant le « mythe ». Et cette *narrativité* « *intérieure* », ce « train d'idées », telle une écriture de la « globalité », raconte une « histoire entière ». S'agit-il d'une sorte de « fiction », dont Husserl disait qu'elle constitue l'« élément vital de la phénoménologie » ? Ou est-ce une variante benvenistienne du « fantasme originaire » de Freud, qui se livre et se délivre en « associations libres » ? Ou encore, s'agit-il de ces « enveloppes narratives » (bien plus que des « compétences syntaxiques ») que les cognitivistes supposent être les premières holophrases de l'enfant qui commence à parler ? Certainement, quoi qu'il en soit, le langage poétique – « intérieur au langage », « créé par le choix et l'alliance des mots[14] », et qui s'écrit en récits métaphoriques condensés (on songe aux vers de Baudelaire et Rimbaud :

---

14. Voir BNF, PAP. OR. DON 0429, env. 22, f° 260.

« Mère des souvenirs, maîtresse des maîtresses » ; « Vaste comme la nuit et comme la clarté » ; « Voilà la Cité sainte, assise à l'Occident ») – en est-il une manifestation.

Benveniste évoque succinctement cette piste de recherche, pour revenir toujours à la linguistique générale et à la fonction de signifier qu'exerce le langage. « Tout comportement social », relations de production et de reproduction comprises, ne préexiste pas au langage, mais « consiste dans sa détermination ». « Encerclant » ou « contenant » le référent, la langue « opère sur elle-même une réduction » et se « sémiotise » elle-même : l'écriture étant le « relais » explicitant cette faculté. En somme, l'écriture explicite et renforce de façon définitive le caractère non instrumental et non utilitaire de la langue, laquelle, de ce fait et plus que jamais, n'est ni outil, ni communication, ni lettre morte, mais « organisme signifiant » (Aristote, Leçon 12), générateur et autogénérateur.

Arrivé à ce point, Benveniste inverse l'hypothèse initiale au sujet de l'écriture. En tant qu'« opération » dans le « procès linguistique », l'écriture est « l'acte fondateur » qui a « transformé la figure des civilisations », « la révolution la plus profonde que l'humanité a connue » (Leçon 14). Cette particularité de l'écriture dans son rapport à la langue renforce aussi une ultime constatation : la langue et l'écriture « signifient exactement de la même manière ». L'écriture *transfère* la signifiance de l'ouïe à la vue, c'est une « parole dans une forme secondaire ». La parole étant la première, « l'écriture est une parole transférée ». « La main et la parole se tiennent dans l'invention de l'écriture », écrit Benveniste. Le rapport écriture/parole est l'équivalent du rapport parole entendue/parole énoncée. L'écriture se réapproprie la parole pour transmettre, communiquer, mais aussi reconnaître (c'est le sémiotique) et comprendre (c'est le sémantique). L'écriture est partie prenante de l'*interprétance* de la langue. Ce relais de la parole fixée dans un système de signes reste un système de la parole, à condition d'entendre cette dernière comme une signifiance susceptible d'engendrements ultérieurs d'autres systèmes de signes. Jusqu'aux supports numériques, tels les *blogs* et Twitter...

Ce n'est certainement pas un hasard si, au cœur de ce *work in progress* sur les modalités de la signifiance spécifique du langage, intervient un rappel du *Philèbe* de Platon : au sein de la diversité des sensations et des plaisirs humains, tout Un est Infini, et le seul moyen de s'opposer à l'absence de limites dans l'état de nature est de recourir aux *nombres*, grâce auxquels il devient possible de délimiter les unités dans un ordre hiérarchique, de dissocier et d'identifier. Comme les « notes » en musique, les lettres en grammaire (*grammatikē technē*) sont des « nombres » : en ce sens l'activité du grammairien, qui dénombre et organise le sémiotique du langage, au-dessous de la signification, est « divine » (Leçon 13). En rappelant ce parallèle entre l'analyse du langage et l'œuvre de l'Égyptien Theuth (Thoth, en grec) qui fut le premier à percevoir que les voyelles sont « multiples dans l'infini », Benveniste s'approprie l'idée du « nombre » pour articuler celle de *limite*, incontournable en linguistique – où il s'agit de « dissocier et identifier les unités de plusieurs échelons », d'« arriver à des nombres (à une limite) » –, et celle de la création du monde par la Parole. Mais il déplace l'ontothéologie du sens transcendant et retisse les connotations de cette « transcendance » (annoncée dès la Première leçon), toujours infléchie à l'intérieur du langage, et qui continue à se construire sous les yeux du lecteur de ses leçons : « L'homme instruit des lettres, le *grammatikos*, c'est l'homme instruit de la structure du langage. » « La relation de l'unité et du multiple est celle qui se trouve à la fois dans la connaissance (*épistémè*) et dans l'expérience des sensations » (Leçon 13).

Pas à pas, la théorie de Benveniste intègre donc tout référent et, implicitement, l'infini de la *res divina* – par définition extérieure au monde humain – dans et par la signifiance du langage. Il s'appuie pour cela sur Socrate, comme on a vu, auquel on pourrait ajouter le quatrième tome du Pentateuque, le Livre des nombres, ou la Kabbale qui construit du sens en dénombrant. Mais plus que tout autre, c'est au quatrième Évangile, celui de Jean, que semble remonter cette signifiance duelle de la langue, englobant la représentation graphique, l'acte d'écrire et les variantes des écritures, ainsi que l'intersubjectivité et le référent : « Au commencement était la Parole. » À cette différence près que, sans « commencement », le « divin » se résorbe dans l'engendrement des « plis » (Leibniz) de la signifiance[15] : dans les éléments

---

15. Voir notre texte « L'engendrement de la formule », in *Sèméiôtikè. Recherches pour une sémanalyse*, Paris, Seuil, 1969, p. 290 : « La fonction numérique du signifiant ».

et catégories de ce « donné » qu'est le langage. Donné dont le linguiste ne cherche ni les conditions de « vérité », ni les infinies configurations translinguistiques, potentielles et à venir, mais dont il se contente d'« essayer de reconnaître les lois » (*PLG II*, p. 238).

Signifiance et expérience

Prise à son niveau « fondamental » (distinguée des langues empiriques « contingentes »), la langue devenue « signifiance » n'est pas un simple complément ajouté à la théorie du signe saussurien coextensif au « contrat social ». En reprenant l'idée que les structures linguistiques et les structures sociales sont « anisomorphes », Benveniste tend à démontrer que l'acte de signifier est irréductible à la communication et aux institutions, et qu'il ne transcende le « sens donné » que par l'« activité du locuteur mise au centre ». La notion d'« énonciation » comprise comme une « expérience » modifie considérablement l'objet de la signifiance et/ou du langage (*PLG II*, p. 67 *sq*. et p. 79 *sq*.).

Loin d'abandonner le « signe », la signifiance inclut ce dernier dans le « discours » comme acte illocutoire intersubjectif qui transmet des « idées ». La signifiance est une organisation syntagmatique comprenant les divers types de constructions syntaxiques, et « contient » de ce fait le « référent » de la linguistique saussurienne, à la condition de l'enrichir par la « situation unique », l'« événement » de l'énonciation qui implique « un certain positionnement du locuteur ». C'est l'« expérience » du sujet de l'énonciation dans la situation intersubjective qui intéresse le linguiste, mais à travers l'« appareil formel » de l'« intenté » : c'est-à-dire les « instruments de son accomplissement » tout autant que les « procédés par lesquels les formes linguistiques se diversifient et s'engendrent ». La « dialectique singulière de la subjectivité », « indépendante de toute détermination culturelle », était certes déjà annoncée précédemment (*PLG II*, p. 68). Mais par le truchement de l'écriture, les *Dernières leçons* approfondissent l'« engendrement » de la signifiance en déplaçant l'expérience subjective d'un échange dialogique je/tu vers une topologie du sujet de l'énonciation qui déroge aussi bien à l'*ego cogito* de Descartes qu'à l'ego transcendantal husserlien.

Les termes désignant cette dynamique du langage varient : « engendrement », mais aussi « fonctionnement », « conversion » de la langue en écriture et de la langue en discours, « diversification » ; la langue étant définie comme « production », « paysage mouvant », « lieu de transformations ». Mais contrairement aux « transformations » qui intéressent les grammaires génératives et pour lesquelles les catégories syntaxiques sont d'emblée données, l'« engendrement » de la signifiance selon Benveniste s'engage profondément dans le processus d'un avènement de la signification pré- et translinguistique, et vise trois types de relations d'engendrement : relation d'*interprétance* (propriété fondamentale, la langue étant « le seul système qui peut tout interpréter ») ; relation d'*engendrement* (entre systèmes de signes : de l'écriture alphabétique au braille) ; relation d'*homologie* (en référence aux « correspondances » de Baudelaire). La dernière leçon reprend chacune d'entre elles, en rappelant la nécessité de revoir les « catégories formelles » (« cas », « temps », « modes »), et pose que « tout le système flexionnel est ici en question ».

Le sujet de l'énonciation lui-même devait se ressentir de cette mobilité. Dans ce paysage mouvant de la langue, et au regard de l'écriture qui a contribué à le faire apparaître, une réflexion sur l'*expérience* spécifique de l'écriture que représente le « langage poétique » s'imposait. De fait, Benveniste, en contrepoint de la lecture structuraliste des « Chats » de Baudelaire par Roman Jakobson et Claude Lévi-Strauss, et en écho aux indications des *Dernières leçons*, aborde le sujet dans ses notes manuscrites sur Baudelaire, de la même période (de 1967 à 1969).

Plus proche du « langage intérieur » que du discours, le langage poétique exige de l'analyste qu'il « change d'instruments », comme le voulait Rilke (commenté, nous l'avons vu, par le jeune Benveniste). Cette « langue différente » que serait la poésie nécessite donc une « translinguistique », car la « signifiance de l'art » est « non conventionnelle » et parce que ses « termes », provenant des singularités spécifiques de chaque sujet écrivain, sont « illimités en nombre ». D'emblée, Benveniste établit quelles sont les singularités de cette « translinguistique » : le message poétique, « tout à l'envers des propriétés de la communication[16] », parle une *émotion* que le langage « transmet » mais ne « décrit » pas[17]. De même, le *référent* du langage poétique est « à l'intérieur de l'expression », tandis que dans le langage usuel l'objet est hors langage. Il « procède du corps du poète », « ce

16. BNF, PAP. OR. DON 0429, env. 20, f° 204.
17. *Ibid.*, env. 12, f° 56.

sont des impressions musculaires », précise Benveniste. Le langage poétique, « sensitif », « ne s'adresse qu'aux entités qui participent à cette nouvelle communauté : l'âme du poète, Dieu/la nature, l'absente/la créature de souvenirs et de fiction ». Pourquoi Benveniste choisit-il Baudelaire pour illustrer son propos ? Parce que ce dernier opéra la « première fissure entre le langage poétique et le langage non poétique », tandis que chez Mallarmé cette rupture est déjà consommée[18].

Contemporaines des *Dernières leçons,* ces notes sur l'expérience poétique de Baudelaire rejoignent les réflexions sur la « force anarchique » à l'œuvre dans l'inconscient et que la langue « refrène et sublime » (*PLG I*, p. 77). Expression d'une « subjectivité instante et élusive qui forme la condition du dialogue », cette expérience participe de l'infra- et du supralinguistique (*Ibid.*, p. 86), ou plutôt du translinguistique (*PLG II*, p. 66). Consacrée aux œuvres, la translinguistique sera basée sur le sémantique de l'énonciation.

Faites à l'écoute de la poétique de l'Inde ancienne telle qu'elle apparaît dans les textes sacrés que le sanscritiste Benveniste maîtrise à fond, ces dernières réflexions entrent en résonance avec la fin de ces années 1960, où les révoltes sociales et générationnelles, appelant à mettre l'« imagination au pouvoir », cherchaient dans l'expérience de l'écriture (d'avant-garde ou féminine) les logiques secrètes et innovantes du sens et de l'existence.

Avec le recul, et dans l'absence de toute référence explicite à la psychosexualité, ce n'est pas à la théorie freudienne de la sublimation que fait penser cette linguistique générale de l'expérience et de la subjectivité, mais au cheminement – innommé – de Martin Heidegger. En effet, le langage selon *Être et Temps* (1927) est discours (*Rede*) ou parole, les mots n'ayant pas de signification en dehors du *Mitsein* du dialogue. Il est du ressort du *Dasein* d'*interpréter* : c'est sa localisation dans l'analytique existentiale qui est prise en considération, au détriment du langage comme tel. On surprend certaines résonances entre cette première conception du langage chez Heidegger et la première linguistique générale de Benveniste (*PLG I*, 1966) qui proposait de placer l'appareil formel de ce régime de langage – « discours » et « interprétant » – dans la société et la nature. L'approche heideggérienne change

---

18. *Ibid.*, env. 23, f° 358.

dans *Acheminement vers la parole* (1959), où le langage est envisagé comme « la dite », *Sage*, « ce qui est parlé ». Le dialogue devient monologue, sans pour autant être solipsiste, mais, en tant qu'il est « discours intérieur », jamais propositionnel, sans « son » ni « communication », sa « pensée intérieure » réalise dans le *silence* la production mentale d'un « venir à la langue ». Pour Benveniste, l'écriture comme graphisme et comme expérience poétique – de Baudelaire au surréalisme – semble croiser la définition par Heidegger du « langage qui parle uniquement et solitairement avec soi-même », et rend possible la sonorité. Mais pour s'en écarter aussitôt, car à ce « laisser-aller » qui serait l'essence du langage, sourdement menacé de devenir « insensé », chez le deuxième Heidegger, les remarques allusives des *Dernières leçons* et des notes manuscrites sur *Baudelaire* apposent, plus qu'elles n'opposent, la vigilance du linguiste pour lequel « le discours comporte à la fois la limite et l'illimité », « l'unité et la diversité » (Leçon 13).

En effet, Benveniste ne manque jamais d'insister sur la « syntagmation » – sans doute « reflétant une nécessité de notre organisation cérébrale » (*PLG II*, p. 226) – qui confère à l'« instrument du langage » sa capacité de coder en se codifiant, de limiter en se limitant, et d'assurer ainsi le sémantique d'un discours intelligible, communicatif, en prise sur la réalité. Il ajoute cependant que, parallèle à la langue et son relais, l'écriture comme représentation graphique et comme expérience poétique, bien que plus proche du « langage intérieur » que du « discours », n'élimine pas ses vertus pragmatiques. Mais qu'elle se risque à déplacer les limites de la langue par l'engendrement de systèmes signifiants singuliers (le poème) et néanmoins partageables dans l'« interprétance » de la langue elle-même. Ni tyrannie institutionnelle ni hymne rêveur, la signifiance qu'esquisse ce dernier Benveniste est un espace de liberté.

« La linguistique est l'universalité[19] »

Tout le monde communique aujourd'hui, mais rares sont ceux qui perçoivent la consistance et toute l'étendue du langage. À

---

19. Lettre d'Émile Benveniste du 17 octobre 1954 : « La linguistique est l'universalité, mais le pauvre linguiste est écartelé dans l'univers », cité dans « Bio-bibliographie d'Émile Benveniste » par Georges Redard, ici même, p. 152.

l'époque où Benveniste donnait ses *Dernières leçons*, l'idée selon laquelle le langage détermine les humains d'une autre façon et plus profondément que ne le font les rapports sociaux commençait à devenir une pensée dangereuse : une véritable révolte contre les conventions, l'« ordre établi », l'« État policier », le marxisme doctrinaire et les régimes communistes. À Varsovie, en Italie, en Tchécoslovaquie, dans les républiques baltes alors soviétiques et ailleurs, la *sémiologie* était synonyme de liberté de penser. Assez logiquement, c'est à Paris (où la recherche française montrait un grand dynamisme, que ce soit à travers la Section de sémiologie du Laboratoire d'anthropologie sociale du Collège de France, la revue *Communications* ou les publications d'Émile Benveniste, Roland Barthes et Algirdas Julien Greimas, parmi d'autres) que naquit l'idée de réunir ces courants mondiaux. Et c'est tout aussi logiquement que, sous l'autorité inspirée de Roman Jakobson, la présidence de Benveniste s'imposa à tous. Le symposium international de sémiotique organisé en août 1968 devait constituer les bases de l'Association internationale de sémiotique (AIS) dont Émile Benveniste devint officiellement le président en 1969.

Jeune étudiante bulgare bénéficiant d'une bourse du gouvernement français, j'ai eu le privilège – avec la linguiste Josette Rey-Debove – d'être chargée du secrétariat scientifique de la publication « Recherches sémiotiques » de *Social Science Information* (Unesco) d'abord, puis de l'AIS. Ce contexte, alors que j'avais déjà lu avec passion le tome I des *Problèmes de linguistique générale*, me donna l'opportunité de nouer un lien personnel tout particulier avec Émile Benveniste. Les rencontres avaient lieu à son domicile, rue Monticelli, près de la porte d'Orléans. Aujourd'hui encore je me remémore son bureau comme un lieu « sacré » (il apparaissait tel à la jeune fille timide que j'étais alors), où le grand savant, au sourire d'une vive intelligence parfaitement saisie par la photographie reproduite ici[20], paraissait conserver les secrets des mondes immémoriaux indo-européen et iranien. C'était un cabinet de travail assez sombre, où des livres tapissaient les murs et jonchaient le sol, vieux fonds de bibliothèques dont le parfum, se mêlant à la fumée du thé qu'accompagnaient des biscuits secs auxquels nous ne touchions jamais, m'évoquait d'antiques parchemins. Les détails administratifs vite expédiés, le

---

20. Photographie de Serge Hambourg (1968), voir illustr. 1, p. 8.

professeur s'enquérait de mon travail[21]. D'une curiosité jamais satisfaite, il s'intéressait aussi bien aux débats linguistiques et philosophiques en Europe de l'Est (le « dialogisme » de Bakhtine) qu'aux innovations de la littérature (alors en pleine effervescence, avec le « Groupe théorique » de la revue *Tel Quel* de Philippe Sollers qui se réunissait au 44 rue de Rennes). Au cours de tous ces entretiens, où Benveniste se montrait aussi pédagogue et protecteur qu'attentif, je me rappelle lui avoir demandé si l'écriture était un processus « *infra* » et « *supra* » linguistique (comme il l'écrivait à propos du rêve) ou plutôt *translinguistique* ; lui avoir soumis l'idée que l'écriture de Raymond Roussel pourrait être définie comme une « productivité » défiant le « produit » ; ou avoir découvert chez Jakobson dont il me parlait la notion de « *spotha* » (à la fois « son » et « sens » et toujours « activité », selon les grammairiens indiens). Je me rappelle que le professeur me conseilla de lire à ce sujet l'ouvrage alors récent de Madeleine Biardeau sur le langage dans le brahmanisme classique ; qu'il exprima le regret, un autre jour, qu'Harris et Chomsky eussent fondé une syntaxe générale sans tenir compte de la diversité des langues (« C'est regrettable de ne connaître qu'une seule langue », avait-il écrit à un linguiste de renom). Le plus souvent, il répondait à mes questions par des propos lapidaires, passablement provocateurs : « Vous comprenez, moi je ne m'intéresse qu'aux petites choses. Le verbe "être", par exemple. » Et de me conseiller de consulter, après ses *Problèmes de linguistique générale*, une publication sur ce sujet immense dans un récent numéro de la très sérieuse revue *Foundations in Language*[22]... Ou bien, en guise de réponse à mes interrogations, il ouvrait le texte sanscrit du *Rigveda*, pour me traduire directement en français des passages appropriés. Puis, après quelques remarques sémantiques ou grammaticales, il revenait au contenu du « récit » et aux « personnages » de cette grande collection d'hymnes de l'Inde antique, toujours d'un ton allusif et un brin ironique (à l'adresse d'Aragon, par exemple) : « Croyez-vous, Madame, que la femme est l'avenir de l'homme ? »

---

21. Je terminais ma thèse de troisième cycle que j'ai soutenue en juin 1968, exceptionnellement, en tant qu'étudiante étrangère ; et je commençais ma recherche sur le langage poétique de Mallarmé et Lautréamont en vue d'une thèse d'État.

22. Voir Charles H. Kahn : « The Greek verb "To be" and the concept of being », *Foundations of Language*, vol. 2, n° 3, août 1966, p. 245-265.

Un autre jour, alors que je venais de découvrir le terme de « sénéfiance » dans le « voyage de l'âme vers Dieu » cher aux théoriciens médiévaux des « *modi significandi* », je lui demandai ce qu'il en pensait. « Vous lisez beaucoup pour votre âge, me répondit-il. Je crois que, plus près de nous, le père de Jean Paulhan se servait de ce terme. On lit toujours, en Bulgarie ? Et en Europe de l'Est en général, n'est-ce pas ? Vous savez que *"čitati"*, la racine slave pour "lire", remonte au sens de "compter", de "respecter" aussi. » Je n'y avais pas pensé, c'était évident, je ne savais pas grand-chose.

Il ne m'a jamais dit que ses parents avaient été enseignants à Samokov, en Bulgarie. Seulement que je lui rappelais sa mère : une lointaine ressemblance, je suppose.

La phénoménologie de Husserl l'intéressait beaucoup et il semblait étonné que je puisse avoir quelques modestes connaissances de ses *Ideen*. Mais nous n'avons jamais mentionné Heidegger, que je venais seulement de découvrir.

À Varsovie, j'avais apporté les *Lettres de Rodez* d'Antonin Artaud. « Vous voudriez bien me le prêter ? », me demanda-t-il. Émile Benveniste cacha le petit livre sous les polycopiés du symposium et je vis que, un sourire timide aux lèvres, il s'autorisait à le lire quand le conférencier ou le débat piétinait trop. Encouragée par ce témoignage de liberté, et ayant repéré récemment son nom aux côtés de ceux d'Artaud, Aragon, Breton, Éluard, Leiris et toute une pléiade d'intellectuels, artistes et écrivains qui avaient signé le manifeste surréaliste *La Révolution d'abord et toujours* (1925), je me suis adressée, pendant la pause, à notre futur président :

« Monsieur, quelle joie de découvrir votre nom parmi les signataires d'un manifeste surréaliste.

– Fâcheuse coïncidence, Madame. »

Le sourire avait disparu, un regard vide et froid me cloua au plancher, et je m'effondrai de honte devant le groupe de congressistes qui nous entourait. Quelques heures plus tard et sans témoins, le professeur me chuchota à l'oreille :

« Bien sûr que c'est moi, mais il ne faut pas le dire. Voyez-vous, maintenant je suis au Collège de France. »

À notre retour à Paris, il m'invita à prendre le thé, cette fois-ci à *La Closerie des lilas*.

« C'est ici que nous nous réunissions. Une époque violente, la guerre. Mais le sang coulait ici aussi, dans le groupe même. » Me voyant surprise, il ajouta : « Non, la métaphore n'est pas trop forte. J'ai vite compris que ce n'était pas ma place. »

Je relis aujourd'hui ce manifeste[23]. En effet, Benveniste avait fui les appels à l'insoumission, abandonné la révolte sanglante trotsko-stalinienne (Breton et Aragon), ignoré l'expérience affolante de l'infini poétique – qui, dégagé du contrat social, emporte l'ordre du langage (Mallarmé : « Une seule garantie, la syntaxe ») dans une explosion vocale (les glossolalies d'Artaud) – pour se consacrer dans une sorte de sacerdoce à la signifiance dans les logiques du langage. La convention académique constituait pour ce nomade tenté par l'embrasement, « pauvre linguiste écartelé dans l'univers », une protection et forcément un freinage. Mais elle ne l'a pas empêché de tendre la main à la pensée dissidente sous le communisme – dont il n'a pu voir la fin marquée par la chute du mur de Berlin, et dont le symposium de Varsovie apparaît avec le temps comme un des signes avant-coureurs. Pas plus qu'elle ne l'a découragé d'ausculter la trace de la subjectivité libre et créatrice dans la dualité de la signifiance : entre l'expérience sans nom du « langage intérieur » et le sémantique du discours qui s'emploie à communiquer et à ordonner.

Je me souviens de notre dernière conversation, fin novembre ou début décembre 1969. Il avait reçu mon livre, *Sèméiôtikè. Recherches pour une sémanalyse,* dont, toujours bienveillant, il espérait finir la lecture et me parler en détail avant les vacances. Mais bientôt, soudain, ce fut le choc : l'annonce de l'accident, la paralysie, l'aphasie. L'administration du Collège de France et ses collègues prenaient en charge toutes les formalités d'usage, auprès de sa sœur Carmelia, héroïque de dévotion et de délicatesse, que j'ai découverte à l'hôpital et qui l'a accompagné jour après jour et jusqu'à la fin dans des conditions misérables. Elle me parlait surtout du père Jean de Menasce, que je n'ai pas connu, dont l'ancienne amitié avec Benveniste et l'expérience personnelle d'une attaque similaire, dont il s'était heureusement rétabli, inspiraient toute confiance à la sœur du grand linguiste.

La situation était déplorable : le malade était hospitalisé dans une chambre commune, où il subissait chaque jour les visites importunes des familles, la promiscuité malsaine, dans l'absence

---

23. « Nous considérons la Révolution sanglante comme la vengeance inéluctable de l'esprit humilié. Nous [...] ne la concevons que sous sa forme sociale [...] l'idée de Révolution est la sauvegarde la meilleure et la plus efficace de l'individu. »

de soins rééducatifs. « On » avait l'impression que le malade ne comprenait plus la parole. « Mais il ne réagissait pas davantage aux histoires familiales qu'on lui racontait avant son accident, ça l'ennuyait trop », tempérait Carmelia Benveniste. Nous parvînmes à faire venir pour expertise le grand spécialiste de l'aphasie, François Lhermitte, qui lui demanda de dessiner une maison. Aucune réaction. Terrifiée à l'idée que l'expertise tourne court, je fis l'effort de solliciter moi-même le malade. Il dessina la maison. Un programme de rééducation de la parole fut alors mis en place. Le résultat ne fut pas jugé probant. Avec Mohammad Djafar Moïnfar, son fidèle disciple, nous avons bientôt compris qu'il était impossible de trouver une meilleure place dans un établissement privé – le savant distrait n'ayant pas cotisé à son assurance de la MGEN, ai-je cru comprendre. Nous avons envisagé de lancer une cotisation auprès de tous ses amis, pour régulariser rétroactivement l'assurance, mais diverses difficultés administratives s'y opposèrent. Aujourd'hui encore, je me reproche de n'avoir pas accompagné ses séances de rééducation : l'affection qu'il me portait, peut-être, l'aurait rendu plus coopératif. Une illusion, sans doute, mais à laquelle je pense toujours. Souvent il m'avait semblé que ses élèves et amis étrangers étaient les plus motivés, les plus conscients de sa détresse et de l'ampleur de son œuvre.

J'étais persuadée qu'il était toujours intellectuellement présent. Ainsi un jour je lui ai demandé de me dédicacer son premier livre, *The Persian Religion according to the Chief Greek Texts* (1929), que j'avais trouvé en anglais chez un antiquaire orientaliste. D'une écriture tremblée, en lettres capitales d'imprimerie, il écrivit son nom, *É. BENVENISTE*, en ajoutant la date, *23 sept. 1971*, qu'il corrigea aussitôt en *24 sept. 1971* : il demeurait donc présent dans l'acte de l'interlocution, et conservait la notion du temps. En 1971, le numéro spécial de la revue *Langages* sur « L'épistémologie de la linguistique », dirigé par moi, lui fut dédié : « Hommage à Émile Benveniste » – ce dont il s'est réjoui. Avec Pierre Nora (directeur de la « Bibliothèque des sciences humaines » chez Gallimard), nous lui apportâmes aussi l'édition du deuxième volume de ses *Problèmes de linguistique générale*. En 1975, un recueil conçu par Nicolas Ruwet, Jean-Claude Milner et moi-même sous le titre *Langue, discours, société. Pour Émile Benveniste* lui fut consacré au Seuil. Il l'accueillit avec plaisir. Bien sûr ces lectures étaient fatigantes, et sans doute en appréciait-il davantage l'existence même plus que les détails. Par la suite, hélas, les neuf transferts hospitaliers dont il fut l'objet en sept ans, ma thèse d'État, puis la maternité me firent raréfier mes visites. Mais il ne m'oubliait pas et en novembre 1975 une lettre de Carmelia Benveniste m'informait que le professeur demandait expressément à me voir. Il arrivait encore à exprimer ses désirs, et se rappelait ceux qu'il souhaitait revoir.

Au cours d'une de ces rencontres, c'était à l'hôpital de Créteil, il me demanda de m'approcher de son lit, se redressa, tendit l'index comme sur la photographie reproduite ici et, très timidement, avec ce même sourire adolescent, se mit à « écrire » sur le chemisier qui recouvrait ma poitrine. Surprise, bouleversée autant que gênée, je n'osai bouger et ne pus deviner ce qu'il souhaitait écrire ou dessiner dans ce geste étrange. Je lui demandai s'il voulait quelque chose à boire, lire ou entendre. Il secoua la tête en signe de négation et recommença à tracer sur ma poitrine ces signes aussi troublants qu'indéchiffrables. Je finis par lui tendre une feuille de papier et un stylo Bic. Alors, de la même écriture en lettres capitales d'imprimerie qu'il avait choisie pour me dédicacer son livre, il traça : *THEO*.

Je ne savais guère à cette époque – était-ce en 1972 ou 1973 ? – que Benveniste était arrivé en France comme élève de l'école rabbinique. Il ne m'avait pas parlé non plus de la Shoah. Je n'avais pas une vision globale de ses travaux en linguistique générale, le deuxième volume de ses *Problèmes de linguistique générale* n'étant pas encore réuni, et de toute façon mes connaissances insuffisantes ne m'auraient pas permis de l'assimiler. Mais j'étais persuadée que la paralysie verbale n'avait pas détruit complètement son intelligence. Ce « THEO » avait un sens.

Aujourd'hui, en lisant ses derniers écrits au regard de son œuvre publiée, je ne prétends pas vous proposer une interprétation : « THEO » me restera à jamais énigmatique. J'esquisse seulement une lecture.

Les hasards de nos histoires personnelles respectives m'avaient mise sur sa route, afin qu'il me rappelle, avant de s'éteindre, un message qu'il tenait à tracer dans un corps.

Quel que soit « le sémantique » de notre discours (tel que nous le communiquons par dialogues dans nos existences temporelles), *la diversité de nos langues et la langue elle-même engendrent cette « capacité sémiotique »* (dont l'imprononçable graphisme /YHWH/ porte témoignage, mais que le professeur avait entrepris d'analyser avec les outils de l'ontothéologie grecque /THEO/ et grâce à ses suites scientifiques) *dans la rencontre entre les « langages intérieurs » de nos subjectivités.*

Cette « force originelle à l'œuvre » (Leçon 7) « transcende » (/THEO/) toute autre propriété du langage, et l'« on ne conçoit pas » que « son principe se trouve ailleurs que dans la langue ». « Je », toute personne parlante, consiste en cette dualité, se tient à ce carrefour. « Je », toute personne, expérimente cette « SIGNIFIANCE » qui enserre et interprète l'histoire.

Je saurai gré aux lecteurs de ces *Dernières leçons* d'ajouter leur propre chemin à ce carrefour, à cette écriture.

*
* *

Articles d'Émile Benveniste cités :

Problèmes de linguistique générale, t. I, Gallimard, 1966 (*PLG I*)
« Catégories de la pensée et catégories de la langue », p. 53-74
« Remarques sur la fonction du langage dans la découverte freudienne », p. 75-87
« De la subjectivité dans le langage », p. 258-266
« La philosophie analytique du langage », p. 267-276

Problèmes de linguistique générale, t. II, Gallimard, 1974 (*PLG II*) :
« Le langage et l'expérience humaine », p. 67-78
« L'appareil formel de l'énonciation », p. 79-88
« Structure de la langue et structure de la société », p. 91-102
« La forme et le sens dans le langage », p. 215-240

Introduction

Jean-Claude COQUET et Irène FENOGLIO

> *Chaque fois que l'histoire du monde fait un pas important en avant et poursuit une passe difficile, s'avance une formation de chevaux de renfort : les hommes célibataires, solitaires, qui ne vivent que pour une idée.*
>
> Citation de Kierkegaard recopiée par Benveniste et retrouvée dans ses papiers.

Actualité d'Émile Benveniste

Trente-six ans après sa mort, l'œuvre d'Émile Benveniste continue de faire partie des références pour de nombreuses recherches en linguistique et au-delà. C'est particulièrement dans le champ des recherches sur « l'énonciation » qu'elle fait figure de socle fondateur, et ce, depuis les années 1970. Sur le terrain de l'analyse du discours, en linguistique textuelle, en pragmatique, en sémantique, en analyse des interactions conversationnelles..., elle constitue, pour la recherche française, un héritage revendiqué. On connaît moins l'œuvre considérable du comparatiste, qui lui a pourtant valu son entrée au Collège de France.

Benveniste s'inscrit dans une lignée ininterrompue de figures majeures de la linguistique française et de ses institutions, depuis son renouvellement dans le dernier tiers du XIXe siècle. Pour les hommes : Michel Bréal, Gaston Paris, Antoine Meillet, Joseph Vendryes, Marcel Cohen... Pour les institutions : Collège de France, École pratique des hautes études, Société linguistique de

Paris. À l'étranger, l'accueil fait à l'œuvre de Benveniste et notamment à la théorie de l'énonciation reste contrasté. Dans un certain nombre de pays, la traduction des *Problèmes de linguistique générale* a donné lieu à une production linguistique originale qui s'en inspirait au Brésil et en Russie, par exemple, par ailleurs, les traductions offrent globalement la possibilité d'une réception et d'une diffusion au niveau international.

La publication des *Problèmes de linguistique générale* (chez Gallimard : t. I, 1966 ; t. II, 1974) selon un plan approuvé par l'auteur pour le premier tome, et repris à l'identique pour le second, a assuré tardivement une large publicité à des travaux majeurs de Benveniste, mais en a aussi confiné d'autres, moins accessibles à tous points de vue. Ainsi les travaux portant sur des langues rarement connues qui ne sont accessibles qu'à des spécialistes. Mais sont aussi restés dans l'ombre l'ensemble des cours dispensés par Benveniste à l'École pratique des hautes études et au Collège de France. Ceux-ci n'ont jamais été publiés.

Il nous apparaît important d'offrir à la lecture les cours qu'il a professés et en particulier ceux innovant en regard des articles publiés dans les *Problèmes de linguistique générale*. C'est bien le cas des derniers cours, où Benveniste développe un thème souvent annoncé dans les articles de linguistique générale et jamais traité pour lui-même, celui de l'écriture.

Inédits

Cet anthropologue du langage, savant en langues indo-européennes anciennes, voire très anciennes ou peu connues (tokharien, hittite, vieux perse, avestique, ossète, sogdien, etc.), spécialiste de grammaire comparée et théoricien novateur de linguistique générale, a légué l'ensemble de ses papiers à la Bibliothèque nationale (aujourd'hui BNF).

Le projet de cette édition s'appuie sur l'existence d'un fonds « endormi » durant trente ans. En effet, ce fonds de la Bibliothèque nationale de France, d'une importance capitale pour l'histoire des théories linguistiques, n'avait pas été exploité jusque dans les années 2000[1].

---

1. Depuis 2006, l'équipe « Génétique du texte et théories linguistiques » (dirigée par Irène Fenoglio), de l'Institut des textes et manuscrits modernes

La publication de ce dernier cours sera une occasion de faire apparaître la moins connue des différentes facettes du linguiste : on connaît l'envergure du savant, on admire la limpidité du style théorique de l'auteur des *Problèmes de linguistique générale*, on commence à entrevoir les dimensions et orientations du chercheur ; mais on avait oublié le dynamisme et la fermeté de l'enseignant. Or, si le savant découvre et développe un savoir toujours plus fin sur des espaces linguistiques spécifiques, si le chercheur construit article après article sa théorie et les concepts qui la sous-tendent, le déploiement didactique pour la mise en œuvre d'une ingénieuse transmission n'avait pas encore été dévoilé, alors même que plusieurs auditeurs de Benveniste ont pu déjà en témoigner.

Cette édition du dernier cours de Benveniste au Collège de France contribue à son dévoilement, en mettant au jour les dernières réflexions du linguiste.

Ces réflexions sont inédites.

Certes, nous retrouverons le même mouvement de pensée qui anime l'article « Sémiologie de la langue » que Benveniste rédige et publie les mêmes années 1968 et 1969, mais nous voyons se développer devant nous toute une histoire et une réflexion sur l'écriture que nous ne pouvons lire dans aucune des publications du linguiste, alors même qu'il exprime, de manière répétée, son intérêt pour ce sujet[2].

Une période d'activité intense (1968-1969)

Ces deux années précèdent la très longue période d'immobilité pour Émile Benveniste et le non moins long silence dû à l'aphasie, avant sa mort, en 1976. Les derniers cours qu'il donne, durant cette période, au Collège de France, sont soutenus par une intense activité. Tous les genres de recherche et d'écriture sont simultanément présents : d'une part, le théoricien écrit et publie « Sémiologie de la langue », article dans lequel il explicite le concept pivot du couple « sémiotique/sémantique » ; d'autre

---

(CNRS/ENS) s'appuie sur l'exploitation de ce fonds pour développer ses recherches sur les manuscrits de linguistes.

2. Ainsi à la fin de « Sémiologie de la langue » (*PLG II*, p. 66) ou bien à la fin de « L'appareil formel de l'énonciation » (*PLG II*, p. 88).

part, le chercheur poursuit les élucidations théoriques de sa conception du sens dans le langage et les expose au symposium sémiotique qui se tient à Varsovie ; il accepte, en 1969, d'être le premier président de l'Association internationale de sémiotique (*International Association for Semiotic Studies*) qu'il a contribué à créer, il accepte de même, en 1969, d'être le président du Cercle de sémiotique de Paris[3]. Enfin, le professeur transmet, dans ses cours, ses acquis de savant, les problèmes théoriques du chercheur à propos desquels il développe des domaines dont les résultats n'ont pas encore été stabilisés en article, telle la problématique de l'écriture.

Il convient de s'arrêter un instant sur le symposium international de sémiotique de Varsovie, tant il marque cette période.

En cette année 1968 où se déroule à Varsovie un symposium sémiotique, du 25 août au 1er septembre, la situation politique dans les pays de l'Est est dramatique. Bien que figurant au programme, ni Algirdas Julien Greimas, d'origine lituanienne, ni Roman Jakobson, d'origine russe, ni Thomas Albert Sebeok, d'origine hongroise, pour ne citer que des linguistes invités internationalement reconnus, n'ont voulu prendre le risque du voyage. Avec quelque raison. On se rappelle que le « printemps de Prague » allait se conclure par l'invasion des troupes du pacte de Varsovie le 21 août. Mais, à Varsovie, le 25, rien ne semblait avoir changé. La « paix » régnait.

Les participants, dont Benveniste, qui ouvrait le symposium et qui conduisait la délégation française, gardèrent l'intitulé de leur communication, comme si l'enjeu scientifique devait prévaloir. Selon le programme, l'intervention de Benveniste s'intitulait « La distinction entre la sémiotique et la sémantique ». En fait, Benveniste avait noté qu'il parlerait dans son exposé inaugural de la « distinction entre *le* sémiotique et *le* sémantique » (*nous soulignons*). Le passage au masculin aurait dû suffire à faire comprendre à l'auditeur attentif que Benveniste avait l'intention d'ouvrir un nouveau champ. Sa recherche n'impliquait pas une rupture avec Saussure, mais une reprise de son questionnement, reformulé dans ses notes préparatoires par

---

3. Jean-Claude Coquet note que Benveniste a « consenti » à être président du Cercle de sémiotique tout en faisant valoir que « "sémiologie" et "sémiotique" avaient pris chez lui une acception technique » (*La Quête du sens. Le langage en question*, Presses universitaires de France, 1997, p. 33).

Benveniste sous la forme : « *Comment une langue signifie-t-elle*[1] ? » avec l'espoir d'apporter des éléments de solution. Le soulignement marque l'insistance de Benveniste. C'était « le problème de Saussure, celui qui l'a obsédé toute sa vie et qui informe toute sa linguistique ». On peut penser aussi que c'était un défi majeur pour Benveniste lui-même. Or, s'en rapporter au sémiotique seul n'était pas la bonne réponse. Il fallait « montrer le caractère irréductible de la phrase », comme il l'avait déjà fait, écrit-il, à Cambridge, en 1962, et mettre au jour la spécificité du discours face à la langue.

4. Toutes les citations contenues dans cette sous-partie (« Une période d'activité intense ») sont extraites des notes manuscrites de l'ensemble coté PAP. OR. DON 0616 du fonds de la BNF.

SÉANCES PLÉNIÈRES

25 VIII 68 9^{30} — 13^{00} h. *E. Benveniste* (France):
La distinction entre la sémiotique et la sémantique

J. Kuryłowicz (Pologne):
L'extrapolation d'une loi linguistique

Discussion

26 VIII 68 9^{30} — 13^{00} h. *H. Seiler* (G.F.R.):
The Semantic Information in Grammar: Problems of Subcategorisation

T. Gamkrelidze (URSS):
On the Problem of the Arbitrariness of Linguistic Sign

Discussion

27 VIII 68 9^{30} — 13^{00} h. *A. Grabar* (France):
Cérémonies, paroles et images: trois modes d'expression parallèles au service de la monarchie à Byzance

R. Jakobson (U.S.A.):
Toward a Classification of Semiotic Systems

Discussion

28 VIII 68 9^{30} — 13^{00} h. *A. Zinowjew* (URSS):
General Theory of Signs

Th. A. Sebeok (U.S.A.):
Is a Comparative Semiotics Possible?

Discussion

29 VIII 68 9^{30} — 13^{00} h. *A. Greimas* (France):
Les langues naturelles et le monde naturel

W. Uspenski (URSS):
On Epistemological Limitedness of Linguistic Signs

Discussion

30 VIII 68 9^{30} — 13^{00} h. *J. Lotman* (URSS):
The Metalanguage of Typological Descriptions of Culture

E. Weigl, M. Bierwisch (G.D.R.):
Neuropsychology and Linguistics: Topics of Common Research

Discussion

Illustr. 2. Première page du programme du symposium de Varsovie de 1968

Le signe et le mot

La sémiologie selon Benveniste devait donc comporter deux axes, le sémiotique et le sémantique, « l'intérêt de cette distinction » étant de « permettre le dépassement de la théorie saussurienne ». En effet, si l'on s'en tient à la notion saussurienne du signe, on reste dans le domaine du sémiotique. La langue est réduite à ses éléments constituants pourvus de « signifiance » – Benveniste met le terme entre guillemets et se réfère à un article de Frédéric Paulhan, le linguiste, père de Jean Paulhan –, mais « on se barre la voie à l'accès de la langue en exercice », domaine propre au sémantique. C'est sur ce plan que Benveniste décide de se situer. Le sémantique a ses propriétés que les linguistes méconnaissent. Par exemple, « le principe constitutif du "sens" et du sémantique est le principe de *consécution discursive* », de la linéarité. « Le sens est produit par la mise en consécution de ces constituants que sont les *mots* ». Selon ses habitudes de pensée, Benveniste oppose binairement les « mots » du sémantique (son domaine propre) aux « signes » saussuriens du sémiotique : « Saussure est resté à cette conception au fond immobiliste du "signe" comme unité, parce qu'il cherchait avec raison les éléments premiers de la langue. » Dans cette perspective, « la *notion du caractère linéaire du signe apparaît insoutenable* ». Le domaine du signe est celui de la phonétique (et de la phonologie), de la morphologie, du lexique, alors que le domaine du mot est celui de la phrase et de la syntaxe. Avoir placé la syntaxe au premier plan, tel est d'ailleurs le mérite que Nicolas Ruwet a reconnu à Benveniste, dès 1967, dans son *Introduction à la grammaire générative*. En effet, comme le souligne Benveniste, « la syntaxe enserre le sémantique, qui en reçoit sa forme nécessaire » et c'est encore la syntaxe qui est « la source de toute sémantique et – secondairement – de toute sémiotique ». Le « secondairement » est évidemment capital pour Benveniste. Le sens du prédicat varie donc avec sa construction ; « chercher » n'a pas le même sens selon que je dis : « je cherche mon chapeau » ou que je dis : « je cherche *à* comprendre[5] ». « Chercher » n'est pas « chercher à ». Ce n'est pas le même « mot ». « La langue en fonctionnement recrée ses unités ». De « langue », nous sommes

---

5. *L'italique rend un soulignement dans l'original.*

passés au « discours ». Soit le mot « encore » ; l'unité procède de ce que la répétition fréquente de *hanc horam* (et, comme le note Benveniste, « la répétition fréquente est un fait de fonctionnement ») a produit un « conglomérat **ancora* », puis le français « encore ». Nous sommes ici au cœur de l'opération constitutive du « sens » que Benveniste a aussi appelée, dans ses travaux antérieurs, la « syntagmation ».

Les présuppositions

Parmi les points à traiter retenus par Benveniste dans ses notes préparatoires au cours du Collège de France de 1969-1970, mêlées à celles du symposium, il y a celui des deux syntaxes qu'il ordonne l'une par rapport à l'autre : la « syntaxe des langues » dépend de la « syntaxe du langage ». C'est ce qu'il a fait pour le sémiotique et le sémantique. Pas de sémiotique sans sémantique. Autrement dit, la « signifiance » sémiotique, le sens lexical, résulte de l'« intenté » sémantique, du vouloir-dire. « C'est le discours, dans la langue en exercice, en répétition, en récurrence (nous l'avons vu pour la création du mot "encore") qui aboutit à fixer les signes (à passer des mots aux signes), à en accroître le répertoire, à les diversifier, et par là à créer les concepts correspondants ». Benveniste accorde ainsi le bénéfice au sémiotique, à la signifiance des signes, d'être, secondairement, les « corrélats linguistiques des concepts ». Cette conception hiérarchique (et génétique) du sens peut se formuler ainsi : la signifiance, « le "sens" lexical, doit être radicalement distingué du "sens" intenté, où il prend naissance ».

Accordons ici un peu d'attention au sort double accordé à la notion de « mouvement ». Elle apparaît soit dans une analyse paradigmatique, en fonction du « signe », une analyse par niveaux, soit dans une analyse syntagmatique, une analyse de la « consécution discursive » – si l'on veut insister sur les « opérations » par opposition aux « relations » –, en fonction de l'« intenté », de la phrase (ou du discours). Mais il faut avoir à l'esprit que les deux domaines sont disjoints, que le premier, celui du « signe », n'a d'existence qu'en fonction du second, celui de l'« intenté ».

Dans l'analyse sémiotique (paradigmatique), un mouvement « descendant » (celui adopté par Saussure) nous conduit jusqu'aux « éléments purement *formels* », dépourvus de sens. Or, remarque Benveniste, « la structure formelle d'une phrase donne-t-elle accès

Introduction 49

au sens ? », et cette démarche même de « décomposition » est-elle licite ? « En avons-nous le droit ? » Soit on suit, à l'inverse, un mouvement ascendant, « intégrant » ; cette dernière opération, Benveniste l'analyse comme une « *remontée* d'un niveau au niveau supérieur qui livre le *sens* de l'élément ».

Le sémantique, le verbe et l'énonciation

La lecture des notes nous confirme dans l'idée que l'option de Benveniste est clairement phénoménologique. Il adopte le point de vue de son collègue néerlandais, Hendrik Josephus Pos (1898-1955), linguiste de l'École de Prague et disciple d'Edmund Husserl, dont l'importance a été reconnue par Jakobson et Maurice Merleau-Ponty. Pos était soucieux de rendre clair, dit Benveniste – dans les *Actes de la Conférence européenne de sémantique*, tenue à Nice en 1951, et que Pos aurait dû ouvrir –, le lien du langage à la « réalité », pourtant domaine hors linguistique par excellence, c'est-à-dire, « la manière dont l'homme intervient dans le langage et veut, à travers le langage, dire quelque chose, se rapporter donc à un certain aspect de la réalité ». Il n'est donc pas étonnant qu'en 1968, Benveniste, comme Pos, ancre le sémantique dans « la réalité d'expérience immédiate qu'est *la* langue pour le locuteur ». Il s'agit bien d'« établir un rapport humain entre locuteur et auditeur. Cela revient à dire que tout énoncé, étant intenté, contient du *vécu*. Et de ce fait il est chaque fois *unique*, se référant à un vécu unique et à une situation unique ». La phrase, qui n'a pas d'emploi, par définition, « convoie » (la métaphore est habituelle chez Benveniste) l'intenté. « Avec la phrase, on *énonce* quelque chose, on pose une réalité ou on la met en question, etc. On *veut dire* quelque chose. Une pensée s'énonce en mots et c'est la pensée (du locuteur) que l'auditeur s'efforce de saisir, de comprendre ».

On a relevé les termes propres à l'énonciation, l'acte de langage relevant du sémantique. « Énoncer quelque chose », c'est « poser une réalité » (il y a « *un certain état de choses*, une situation nouvelle », une expérience à partager), et c'est aussi un acte cognitif : « une pensée s'énonce en mots. » La concordance avec Pos est manifeste, lui qui affirmait en 1939 – « Phénoménologie et linguistique », *Revue internationale de philosophie* – que « le sujet linguistique énonce sa réalité vécue, sans l'observer en spectateur ». Le locuteur, en énonçant, s'énonce comme sujet. Grâce à cette « forme linguistique » appelée « verbe » (c'est-à-dire en remontant au grec *rhēma* – *verbum*, en latin, *ākhyā*, en sanskrit), justement dénommée « énonciation » par Aristote, « ce qui correspond à sa fonction profonde », le locuteur établit « toujours un rapport de vérité, une affirmation d'existence, inhérent à toute forme verbale, sans égard à sa forme lexicale ». Encore une fois est ainsi affirmée la dépendance du sémiotique au sémantique, d'où cette opposition terme à terme : « le sémiotique part nécessairement d'un matériel linguistique *donné*, inventoriable, fini. » Comme les signes sont « donnés » tous à la fois, qu'ils constituent un ensemble fini, « le signe prend signifiance dans un espace inter-signes ». Le sémantique, quant à lui, appartient à un autre univers : il se fonde sur l'acte d'énonciation et donc sur « les phrases produites (non données), en nombre infini (non fini) et en variation et transformation constantes (non inventoriables) ». Le privilège du sémantique est indéniable puisqu'il fait entrer dans son univers non des propriétés logiques, mais phénoménologiques. Dès lors, la « vérité » et la « réalité » ne sont pas d'abord objectales ; elles appartiennent au locuteur, quel que soit son statut ; avant d'être une instance sociale, politique, scientifique, etc., il est instance énonçante. C'est ce qui justifie l'analyse d'un temps verbal comme le « parfait » (en grammaire française, le passé composé) : « Le parfait fait partie de moi-même. » Le verbe et l'« affirmation d'existence » sont liés. Par l'acte d'énonciation, le locuteur affirme son existence et postule la « réalité » de l'événement auquel il participe. Locuteur, « état de choses » (réalité) et « vérité » sont interdépendants. Choisir de rapporter au parfait un événement, c'est pour le locuteur, pour l'instance énonçante, affirmer qu'il « tient par quelque lien à celui qui l'énonce, ne fût-ce que par ceci : l'espace dans lequel l'événement est posé est celui de la *constatation* qui est prise de connaissance et assertion de vérité ». Adoptant la même visée instancielle que dans une note destinée cette fois à l'article de *Semiotica*, « Sémiologie de la langue », et intitulée : « Phénoménologie de l'"avenir"[6] », Benveniste analyse le futur comme un mouvement bidirectionnel, soit un « flux » (le terme est husserlien, comme « intenté ») qui se dirige vers « nous », soit, le mouvement inverse suivi par la « suite des

---

6. Note manuscrite pour l'article « Sémiologie de la langue », f° 104 (cote BNF : PAP. OR. 53, env. 221).

humains ». Le « nous » interpersonnel est tenu pour un « point fixe », bientôt dépassé ; il s'oppose à la classe des humains dont l'indice linguistique est le « il » notant l'« absence de personne ».

C'est à la dimension sémantique, appuyée sur la « fonction permanente » du verbe, l'énonciation, qu'il faut avoir recours pour « réaliser le sens intenté ». Le choix de Benveniste, dans cette année 1968, est ainsi, au fil des notes, nettement dessiné.

Dernières leçons, derniers écrits

Les cours professés au Collège de France, durant ces dernières années d'activité, témoignent de ses capacités de création : invention du rapport sémiotique/sémantique, de la notion d'*interprétance* pour la langue, ouverture au rapport entre langue et écriture.

Sur les « problèmes du sens dans la langue » et du rapport à l'écriture, une note préparatoire est très explicite. Voici ce que l'on trouve sur un feuillet de bloc épars (f° 257) :

> Linguistique générale (Collège)
> Axer les leçons sur le caractère sémiotique/sémantique du langage.
> En partant de cette remarque que les systèmes sém. non linguistiques sont unidimensionnels et iconiques (signaux, phares, cartes) ou déictiques (signaux routiers) mais non nonciaux.
> Inclure le langage dans la sémiologie est à la fois l'éclaircir et le fausser, car le langage n'est pas seulement « signalique » et « indicatif », il est significatif de messages, il est {noncial[7]} nuntial, ce que n'est aucun système non dérivé du langage (comme le langage des sourds-muets).

Comment se présentent les papiers de Benveniste correspondant à ces dernières leçons, dans les archives du fonds de la BNF ?

Les papiers correspondant au cours 1968-1969 se présentent sous la forme d'une chemise cartonnée, vraisemblablement d'origine, contenant quinze sous-chemises identiques portant chacune de la main de Benveniste : « Collège de France, 1968-1969, Problèmes de linguistique générale », suivent le numéro de cours (encadré de rouge) ainsi, parfois, que la mention « leçon » et la date.

---
7. Les accolades indiquent du texte barré dans l'original.

Illustr. 3. Première page de la chemise correspondant à la première leçon

Introduction 53

À l'intérieur des sous-chemises, les notes de cours se présentent pour la plupart sur des feuilles format A4 de différentes provenances. Mais cela n'exclut pas différents autres supports de différents formats. Et l'on trouve parfois une suite de feuillets visiblement arrachés à un même carnet, insérés dans un ensemble de feuillets A4 et portant le numéro de la leçon dans laquelle ils viennent prendre place ; ainsi f° 118 qui porte « 11ᵉ leçon ».

À partir de la chemise 9 (« 9ᵉ leçon, lundi 10 février 1969 ») est ajouté le titre : « La langue et l'écriture ».

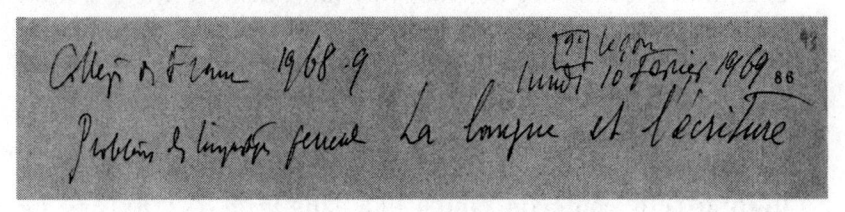

Illustr. 4. Première page de la chemise correspondant à la neuvième leçon

À cet ensemble tenu dans une chemise cartonnée, il faut ajouter une sous-chemise qui porte, de la main de Benveniste, le titre « Langue et écriture ». Cette sous-chemise contient quatorze folios de notes sur des supports très divers.

Les notes correspondant à la dernière leçon se trouvent dans une sous-chemise beige.

Les supports de ces notes sont très hétéroclites : différents papiers, différents formats. Certains feuillets se suivent pour une même note.

Trois folios pourraient passer pour la note correspondant au début du cours :
– f° 139 (format A4) : « Nous continuons cette année l'étude commencée l'an dernier sur les problèmes du sens dans la langue » ;
– f° 141 (format A4) : « {1ʳᵉ leçon}. Je continue étude commencée l'année dernière {Le sens dans la langue} […] » ;
– f° 152 (petite feuille de carnet ; quatre feuillets identiques consécutifs) : « Début du cours. Quand on lit des ouvrages de linguistes, description ou comparaison, on voit que […] ».

Plusieurs lectures de l'ensemble des notes de Benveniste et de celles des trois auditeurs ont été nécessaires pour établir une suite cohérente et lisible.

Organisation du volume

Nous avons organisé cette édition en trois chapitres.

Les deux premiers chapitres se partagent les quinze séances, professées par Benveniste au Collège de France durant l'année universitaire 1968-1969[8], de la façon suivante :

– Chapitre 1 : de la leçon 1 à la leçon 7. Nous l'avons intitulé « Sémiologie » car il s'agit du thème dominant indiqué par Benveniste lui-même. Benveniste y fait l'histoire de la notion de sens en linguistique et montre la nécessité d'une théorie sur ce point : il indique la façon dont il se démarque de Saussure en posant le rapport théorique entre les notions de *sémiotique* et de *sémantique*.

– Chapitre 2 : de la leçon 8 à la leçon 16. Benveniste lui-même intitule cette suite de cours « La langue et l'écriture ». Le contenu de ce chapitre ne se retrouve dans aucun article publié de Benveniste ; il est entièrement inédit.

– Chapitre 3 : le troisième et dernier chapitre publie très exactement les toutes dernières notes établies par Benveniste pour le cours qu'il devait professer durant l'année 1969-1970 et dont la première séance seule a été assurée.

L'attaque qu'il subit en décembre 1969 ne lui laissera la possibilité de prononcer qu'une seule leçon – il l'intitule lui-même « 1re leçon » –, le 1er décembre 1969, et ce sera la dernière.

C'est avec beaucoup d'émotion que nous nous sommes attachés à l'établir. En effet, ce cours a eu lieu le 1er décembre 1969 ; or, cinq jours plus tard, le 6 décembre 1969, Émile Benveniste subissait une attaque cérébrale en sortant d'un restaurant, attaque qui le paralysait et le rendait aphasique. Il dut renoncer à ses cours.

Nous avons pu établir le texte de cet ultime cours grâce à deux sources : les notes préparées par Benveniste lui-même[9] et celles prises par deux linguistes, présents ce jour-là (Jean-Claude Coquet et Claudine Normand).

---

8. Les notes préparatoires à ce cours sont conservées sous la cote PAP. OR. 40, env. 80, f°s 1 à 239.

9. Les notes préparatoires à ce cours se trouvent sous la cote PAP. OR. 58, env. 249, f°s 141 à 157.

Introduction

Ce premier cours de l'année 1969-1970 s'arrête au seuil de l'exposition des notions liées de « sémiotique/sémantique » ; il prépare et introduit à cette problématique que Benveniste n'aura pas le temps de présenter à son public.

Nous avons voulu rendre visible, dans l'édition de ces leçons, la part transcrite directement des manuscrits de Benveniste et la part provenant des notes prises par ses auditeurs (Jean-Claude Coquet pour les trois chapitres, Jacqueline Authier-Revuz pour les deux premiers, Claudine Normand pour le dernier). Nous avons donc intercalé, en caractères plus petits, lorsqu'elles les complètent, leurs propres notes. Les ajouts et les notations vocaliques sont placés entre crochets.

À partir de l'ordre d'archivage des papiers de Benveniste, nous avons dû procéder à des recompositions. Les notes de cours prises par les auditeurs permettent de rétablir l'ordre de lecture par Benveniste et d'énonciation puisqu'elles suivent ce qui a été effectivement prononcé. Certains folios n'ont, semble-t-il, pas été utilisés pour l'énonciation des cours ; ils ont pu être empruntés à un autre dossier, en particulier celui de l'écriture de l'article « Sémiologie de la langue » que Benveniste venait de publier et qu'il mentionne, du reste, expressément dans les notes de son dernier cours : « citer ici mon second article, p. 130 ».

L'intérêt est d'*entendre* Benveniste au-delà de ses propres notes préparatoires, et, pour ce qui est de cette dernière leçon, avancer vers les cours suivants qui n'ont jamais eu lieu, grâce aux notes présentes dans les archives mais non prononcées, grâce au suspens de la présence et de la voix.

*
* *

Deux annexes complètent ce volume.

Tout d'abord un document inédit, bien que souvent mentionné, qui représente le premier état de la seule et unique biographie de Benveniste. Entreprise par Georges Redard, iraniste de renom et interlocuteur privilégié de Benveniste, elle n'a pas été menée à son terme, mais elle présente un intérêt certain : c'est le seul document existant à ce jour, donnant à voir le mode de vie de Benveniste et de travail du linguiste.

Nous avons jugé, par ailleurs, indispensable d'offrir au lecteur une description du fonds Benveniste de la Bibliothèque nationale de France. Ce fonds – constitué à partir du legs effectué par le linguiste lui-même de son vivant – est exceptionnel : il contient les papiers de travail de Benveniste, depuis ses propres notes d'étudiant, lorsqu'il était auditeur de cours dispensés par ses maîtres (Meillet, par exemple) jusqu'à ses toutes dernières réflexions, avant qu'il ne puisse plus écrire. Ce fonds d'archives, par ces caractéristiques, est exemplaire de ce que peut être un fonds de linguiste.

CHAPITRE PREMIER

Sémiologie

Illustr. 5. Première page de la chemise cartonnée contenant les quinze sous-chemises correspondant aux quinze leçons de l'année 1968-1969

2 DÉCEMBRE 1968

Première leçon

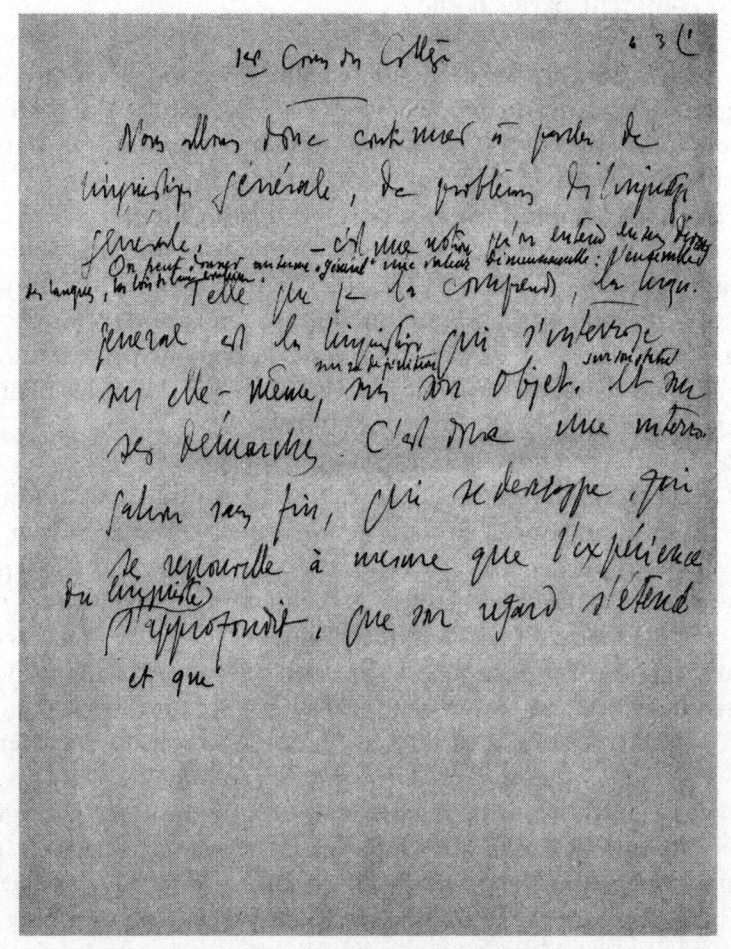

Illustr. 6. Premier feuillet des notes d'Émile Benveniste pour le premier cours au Collège de France de l'année 1968-1969 (PAP. OR., boîte 40, env. 80, f° 4)

Nous allons donc continuer à parler de problèmes de « linguistique générale ». C'est une notion qu'on entend en sens divers. On peut donner au terme « général » une valeur dimensionnelle : l'ensemble des langues, les lois de leur évolution. Telle que je la comprends, la linguistique générale est la linguistique qui s'interroge sur elle-même, sur sa définition, sur son objet, sur son statut et sur ses démarches. C'est donc une interrogation sans fin, qui se développe, qui se renouvelle à mesure que l'expérience du linguiste s'approfondit et que son regard s'étend. Parler de la « linguistique », c'est parler de la langue. Voilà déjà deux questions :

1) où se trouve la langue ?
2) comment parler d'elle ?

Les deux questions se tiennent : la situation qu'on assigne à la langue (la manière dont on la pose) ; la nature du discours qu'on tient sur elle. Nous posons quant à nous que la nature essentielle de la langue, qui commande toutes les fonctions qu'elle peut assumer, est sa nature *signifiante*. Elle est *informée de signifiance*, même considérée en dehors de tout emploi, de toute utilisation particulière ou générale. Cette propriété, si elle nous paraît – et elle nous paraît en effet – transcender toutes les autres, commandera notre discours sur la langue : ce sera un discours sur la caractéristique que nous mettons au premier plan, la langue *signifie*.

Mais qu'est-ce que signifier ?

On peut se contenter d'une définition simple et suffisante : « signifier », pour nous et dans ce contexte, veut dire « avoir un sens, représenter », « être à la place d'une chose pour l'évoquer à l'esprit ». Or comme la langue est faite d'éléments distincts que chaque locuteur sait plus ou moins distinguer, il s'ensuit que ces éléments se partagent ce caractère signifiant qui est propre à la langue dans son ensemble : ces segments de langue sont des *signes*.

Voilà déjà une définition possible de la linguistique : science qui s'occupe des *signes* linguistiques. Immédiatement, nous sommes jetés dans un problème majeur, qui embrasse la linguistique et *au-delà*. Nous abordons ici la notion de « signe » qui commence à émerger comme une des notions les plus neuves et les plus importantes de la science. Non pas la notion même de signe, qui est ancienne (*signum* médiéval, *sèmeion* de la philosophie grecque), mais l'idée que les signes peuvent former des ensembles cohérents, des systèmes de signes, et qu'ils donnent naissance à une science nouvelle, la science des signes, la *sémiologie*.

Nous vivons dans un univers de signes. Nous utilisons concurremment, sans en avoir conscience et à chaque instant, plusieurs systèmes de signes : les indiquer est déjà une exploration du domaine de la sémiologie. D'abord nous parlons : c'est un premier système. Nous lisons et écrivons : c'est un système distinct, graphique. Nous saluons et faisons des « signes de politesse », de reconnaissance, de ralliement. Nous suivons des flèches, nous nous arrêtons à des feux. Nous écrivons de la musique. Nous assistons à des spectacles, voyons des films. Nous manipulons des « signes monétaires ». Nous participons à des cérémonies, célébrations, cultes, rites. Nous votons de diverses manières. Notre manière de nous habiller dépend d'autres systèmes. Nous employons aussi des systèmes d'évaluation partiels (maison neuve/vieille, riche/pauvre...)

Arrêtons-nous un moment sur cette idée, car l'idée est neuve, et on ne pouvait nécessairement en prévoir la naissance ni la fortune[1]. La nouveauté consiste à voir :

1) qu'il y a dans le monde, dans la nature, dans le comportement humain, dans les œuvres de l'homme, quantité de signes d'espèces très diverses (vocaux, gestuels, naturels), des *choses qui signifient, qui ont un sens* ;
2) en conséquence, qu'il y a lieu de penser que ces signes constituent des ensembles, se tiennent en quelque manière ;
3) que l'on peut établir des relations entre ces ensembles de signes ;
4) que l'étude des signes aboutit à la création d'une discipline particulière : la *sémiologie*.

La théorie générale des signes a été entrevue par J. Locke, mais la véritable naissance de cette théorie a lieu en deux endroits différents. Elle naît dans l'esprit de deux hommes qui ne se connaissent certainement pas, même de nom. En Amérique, c'est Peirce, en Europe, c'est Saussure. Deux esprits solitaires et singuliers qui n'ont, l'un ni l'autre rien publié de leur vivant et dont

---

1. On n'attachera dans ce développement d'idées aucune importance spéciale à *séméiologie* ou *séméiotique*. Les « formes moins usitées » comme *sémiologie* ou *sémiotique*, retenues par le *Dictionnaire général*, sont admises par l'Académie en 1762 pour dénommer « la partie de la pathologie qui traite des signes auxquels on reconnaît les maladies ».

l'action sera posthume. L'un dans la misère, l'autre dans la sécurité et l'aisance ont nourri la même inquiétude. Ils ont travaillé et réfléchi à peu près dans le même temps : seconde moitié ou fin du XIXe siècle et début du XXe. Peirce (1839-1914) est d'une génération antérieure à Saussure (1857-1913). Ils ont en commun de s'être adonnés à une réflexion sur le signe et la signification. Mais leur formation, leur méthode, leur relation à l'objet de leur recherche diffèrent du tout au tout. Peirce est avant tout un « savant » : logicien, mathématicien, historien et philosophe des sciences. Les notes publiées massivement à partir de 1931 (huit volumes en 1958 et encore incomplètes) sont toutes obstinément consacrées à une théorie générale des signes avec une terminologie de plus en plus complexe. La langue comme telle est présente partout, comme une évidence ou une nécessité, mais non comme une activité spécifique : il ne s'est jamais intéressé au fonctionnement de la langue.

Saussure, tout à l'opposé, a consacré sa réflexion au fonctionnement de la langue. Il a fondé toute la linguistique sur une théorie du signe linguistique. Il a formulé aussi cette notion fondamentale d'une théorie générale des signes, la sémiologie, dont la linguistique serait une des branches. Mais il n'a pas poussé plus loin la réflexion sur la notion générale de signe.

9 DÉCEMBRE 1968

Leçon 2

Examen de la « sémiotique » de Peirce.
  À la lecture des *Selected Writings*, il apparaît que Peirce vise à élaborer une « algèbre universelle des relations » à partir de laquelle il procède à une division générale des signes en *trois* classes
> selon les principes d'ordre du « pragmatisme » repris par W. James : la ressemblance, la contiguïté, la causalité ; ainsi, tout signe rappelle la chose signifiée, un jugement occasionne un autre jugement dont il est le signe.

Il établit une *triade* relationnelle :
> – le fait d'être premier (« priméité ») : mode d'être de ce qui est tel qu'il est, sans référence à quoi que ce soit d'autre ;
> – le fait d'être second (« secondéité ») : mode d'être de ce qui est tel qu'il est, avec égard à un objet, mais sans égard à un troisième ;
> – le fait d'être troisième (« tiercéité ») : mode d'être de ce qui est tel qu'il est, en relation avec l'état de second (l'objet) et avec l'état de troisième (un interprétant).

La classification de Peirce est multiple et complexe. Il définit dix trichotomies et soixante-six classes de signes. Chaque signe peut revêtir la fonction de :
> – *qualisign* : sa qualité phénoménale ;
> – *sinsign* : le mot compté dans la page ;
> – *legisign* : le type général.

D'après leurs relations avec l'objet, trois classes de signes : les *icônes*, les *indices*, les *symboles*.

L'*icône* est un signe qui a avec l'objet un rapport de ressemblance matérielle.

> L'*icône* a sa détermination interne (*qualisign*) ou renvoie à un événement individuel (*sinsign*) tel que la courbe de distribution des erreurs (diagramme).

L'*indice* est un signe qui a avec l'objet un rapport d'indication.

> L'*indice* établit une relation réelle (directe) avec l'objet, tel le nom propre, ou avec le symptôme d'une maladie.

Le *symbole* est un signe qui a un rapport purement conventionnel avec l'objet.

> Le *symbole* établit une relation indirecte avec l'objet ; due à l'interprétation, elle dépend d'une convention, d'une habitude. Le domaine recouvert par les classifications de Peirce est d'une extension maximale, ainsi que le montrent ces citations : « Le mot ou le signe que l'homme emploie est l'homme lui-même » ou « Mon langage est la somme totale de moi-même ».

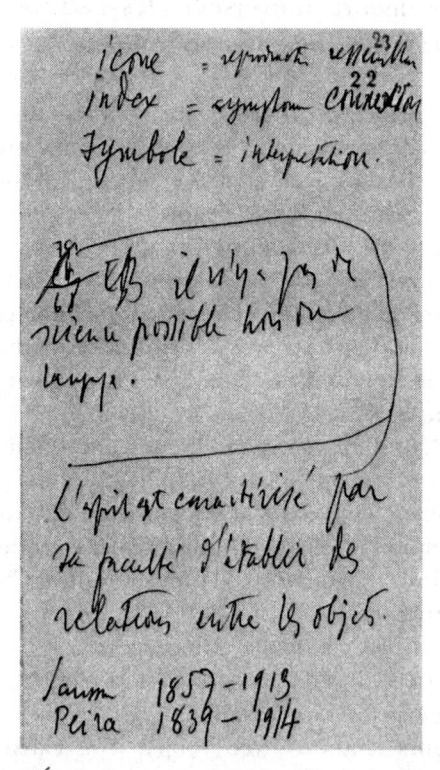

Illustr. 7. Note d'Émile Benveniste (PAP. OR., boîte 40, env. 80, f° 22)

Leçon 2 65

Critique :

La classification des signes prend en charge toute la vie mentale. La langue est incluse dans cette notion de signe, mais le même objet peut être classé différemment :
– L'*icône* : l'impression que crée une audition musicale est de nature iconique, mais un diagramme est tout à fait différent, puisqu'il suppose une élaboration logico-mathématique. Ce sont deux univers distincts.
– L'*indice* : le nom propre « Pierre » va avec un individu déterminé ; la fièvre va avec la maladie. Deux univers différents.
– Le *symbole* : tout ce qui dépend d'une convention. Mais on peut dire que le nom propre, pris en lui-même, est aussi une convention.
Une meilleure détermination des objets est à envisager : l'*icône* établit un rapport de *reproduction* avec son objet (vues, films, peinture, cartes...) ; l'*indice* renvoie à tout ce qui *dirige vers* l'objet, tout ce qui pointe (ainsi, le symbole →), le geste comme tel (*index*), les pronoms démonstratifs dans la langue. Mais la langue est d'une autre nature. De tels éléments de langue ne signifient qu'à l'intérieur de la langue.
Le *symbole*, tout ce qui *conventionnel*, la langue, mais aussi des institutions de toutes espèces.
Le domaine de ces trois termes doit être fortement restreint.

On ne voit pas du tout ce qui rattache les unes aux autres ces classes de signes, ni les principes sur lesquels serait fondée la classification.

Enfin, on ne voit pas comment organiser cette masse de concepts où se croisent des ordres différents, par exemple le mot sur une page, le mot en soi, les différentes espèces de mots, les *mots* et non la langue, autant de variétés de signes. Les objets de pensée, les impressions, sont encore des signes. C'est pourquoi on n'a pu retenir de tout cela que des dénominations isolées mais non un système d'ensemble. Il nous manque encore une étude approfondie sur la pensée symbolique de Peirce et sur la théorie des signes. Jusque-là, cela restera difficile à utiliser.

16 DÉCEMBRE 1968

Leçon 3

Comment cerner la spécificité de Saussure ? Alors que pour Peirce la langue se confond avec les mots, pour Saussure, la langue est le tout. Le signe est une notion *individuelle* et *sociale* (et non universelle comme chez Peirce).

Chez Saussure, la réflexion se porte sur la langue à trois points de vue : la description, les lois, la nature de son objet.

> Il faut distinguer trois linguistiques suivant l'objet : 1) les langues du monde à *décrire* et à analyser ; 2) à l'intérieur de ces langues, le jeu des *forces* qui font leur diversité. Au linguiste d'établir la *ratio* des régularités et des différences ; 3) et de réfléchir sur la *nature* de son objet.
>
> – Ce que la langue n'est pas ; démêler plusieurs objets différents.
>
> – Distinguer *langue* de *langage* (différence de nature et différence d'extension). Dans sa totalité, le langage est hétéroclite, personnel et social, psychique et physiologique...

Pour Saussure, la langue *organise* le langage. Il sépare ensuite la langue de l'*écriture* et, négativement, la langue de son actualisation par la *parole* individuelle, car cette partie (acoustique et physiologique) n'appartient pas à la langue ; le *son* est une branche d'étude particulière et, au fond, secondaire.

Saussure ne prend pas appui sur le *sens*.

Le signe est donc un signe *social*. Tel est le cadre dans lequel la notion prend son existence. La langue est une *institution*. Elle est

reçue ; elle ne peut être changée par décret individuel ou collectif ; elle a un caractère conventionnel (*arbitraire*).
Système abstrait que chaque individu possède à l'état de faculté et à l'état de connaissance, la langue est organisée en *signes* ; c'est « un système de signes exprimant des idées », dit Saussure dans le *Cours de linguistique générale*. En tant que système de signes, la langue s'intègre dans d'autres systèmes de signes comme l'écriture, l'alphabet des sourds-muets, les rites symboliques, les formes de politesse, les signaux militaires, etc. ; « elle est seulement le plus important de ces systèmes » (p. 33).
La linguistique trouvera son achèvement dans la sémiologie, puisque celle-ci, ensemble qui la dépasse, nous fera connaître le statut du *signe*.

Saussure a ici une importance particulière. C'est chez lui que se forme pour la première fois la notion de signe et de science des signes (sémiologie). La langue est vue à la fois comme ensemble de signes et comme un des systèmes sémiologiques. Ainsi est définie la structure et l'appartenance de la langue ; sa nature « signifiante » et la dépendance où elle se trouve à l'égard des autres systèmes de signes parmi lesquels elle prend place. La langue, faite de signes, devient un des systèmes de signes. Pour nous, qui nous intéressons à la notion de signe et à la sémiologie, il s'agit de voir, une fois admis, comme Saussure l'a pensé, que la linguistique est une branche de la sémiologie générale :
 1) si la langue trouvera son centre ailleurs qu'en elle-même ;
 2) comment elle se définira au sein de l'ensemble de la sémiologie.

C'est notre ferme conviction – et rien jusqu'ici n'est venu l'ébranler – que la langue est non seulement faite de signes, mais qu'elle est productrice de signes, que le système qui la compose engendre lui-même de nouveaux systèmes dont la langue est l'interprétant.

Les signes formant *système*, ils sont donc articulés ensemble par un principe interne et non par leur structure logique comme chez Peirce.

L'esprit est bien caractérisé par sa faculté d'établir des relations entre les objets, mais il n'y a pas de science possible hors du langage.

Leçon 3 69

En définitive, Peirce met le signe à la base de l'univers entier. Là est justement ce qui inquiète. Si tout est signe, de quoi est né le signe ? De quelque chose qui est déjà signe ? Mais alors, où sera le point fixe où amarrer la première *relation de signe* ?

Là est le point critique. Nous ne pouvons établir la relation de signe que sur une *différence* entre ce qui est signe et ce qui ne l'est pas. Donc il faut que le signe soit pris et compris dans un *système de signes*.

6 JANVIER 1969

Leçon 4

> Saussure a cherché le *trait* par lequel on peut classer la langue. Faite de signes, elle est donc une discipline sémiologique.

Nous nous acheminons ainsi vers un nouveau problème. Comment se fait-il qu'il y a des systèmes sémiologiques ? Combien sont-ils ? Est-ce que ce sont toujours les mêmes systèmes ou des systèmes différents ? Et s'ils sont différents, en quoi le sont-ils ? Y a-t-il un rapport entre eux et s'il y en a un, quel est-il ?
Saussure n'a posé aucune de ces questions. Il s'est borné à renvoyer à la sémiologie future la tâche de définir le signe, sa place, etc. Il a seulement dit que la langue était le système sémiologique le plus « important ». Mais à quel point de vue ? Est-ce parce que la langue a le privilège de l'universalité ?

> Simplement la langue est partout. La considération est pragmatique.

Quel est le mode de signification de la langue ? Ce n'est pas un souci de taxinomie qui a fait concevoir à Saussure cette place de la langue. Saussure avait l'idée que la langue n'était pas classable en soi parce qu'elle pouvait relever de sciences diverses, la physique (l'acoustique), la physiologie (l'articulation des sons), la psychologie, la sociologie...

Illustr. 8. Note d'Émile Benveniste (PAP. OR., boîte 40, env. 80, f° 28)

Qu'est-ce qui a poussé Saussure à chercher dans cette voie qui l'a conduit à la sémiologie ?

C'est le souci de *classer* la langue qui ne peut se définir par la nature de son objet, celui-ci étant justement inclassable.

Saussure définit d'un coup à la fois la *structure* et l'*appartenance* de la *langue*. Elle relève de la sémiologie parce qu'elle est faite de signes.

Saussure : « C'est un trait de la langue, *comme de tout système sémiologique*, en général, qu'il ne puisse y avoir de différence, chez elle, entre ce qui distingue une chose et ce qui la constitue » (R. Godel, *Les sources manuscrites du* Cours de linguistique générale *de F. de Saussure*, Droz-Minard, 1957, p. 196). C'est la reprise de la définition : « Dans la langue il n'y a que des différences, sans terme positif ». En effet chez Saussure « terme » est employé par rapport à « système ».

Leçon 4   73

Nous devons prolonger cette réflexion au-delà du point indiqué par Saussure.

Pourquoi n'y a-t-il que des différences sans terme positif ? Pourquoi ce qui distingue une chose est identique à ce qui la constitue, ou en d'autres mots, pourquoi l'être d'une chose est sa différence ?

C'est que le système entier n'existe qu'en tant qu'il représente, qu'il tient la place de certaines choses, qu'il « signifie » : la quiddité substantielle d'un terme est indifférente ; seuls comptent :

1) son être-différent, altérité vis-à-vis des autres termes du système, condition du fonctionnement de ce système ;

2) son rapport à la « chose représentée », rapport entièrement conventionnel, « arbitraire ».

> Discipline sémiologique, la langue doit pouvoir être caractérisée :
> > 1) par son domaine de validité. C'est la première condition. Un tel système sémiologique n'est pas et ne peut être universel ;
> > 2) par la nature des signes employés, extrêmement variable. Les signes ont pour fonction de représenter d'une manière quelconque. Ils doivent être appréhendés par les sens. Ils sont en nombre réduit ;
> > 3) par le type de fonctionnement des signes ;
> > 4) par la nature de la réponse que le signe suscite.
>
> Exemple de système non linguistique – les signaux du trafic routier :
> > 1) ils règlent la progression des individus sur le terrain ;
> > 2) la nature et le nombre des signaux se réduisent à deux ;
> > 3) progression ou arrêt (voie ouverte, voie fermée) ; sens intéressé : la vue (par exemple, deux couleurs sont retenues comme signifiantes). On pourrait imaginer un système encore plus simple : présence ou absence de lumière, sans égard pour le choix des couleurs ;
> > 4) les deux signes sont de même nature ; ils sont en opposition binaire.
>
> Bien que le système soit conventionnel, il agit comme prescriptif. Lié à son domaine de validité, il suscite un comportement et n'apporte aucune connaissance abstraite. Il n'y a pas de systèmes redondants, employés de la même manière, dans le même domaine. La signification ne fonctionne qu'à l'intérieur d'un seul système sur un domaine défini. Autrement, elle serait inutile ou perturbante. Mais il peut y avoir aussi des systèmes supplétifs, ainsi les signaux sonores.

Illustr. 9. Note d'Émile Benveniste (PAP. OR., boîte 40, env. 80, f° 33)

Leçon 4 75

Donc nous avons ce principe nouveau de *convertibilité d'un système en un autre*.

Les systèmes ne sont pas des univers clos, isolés les uns des autres. La relation entre eux se fait par génération : un système générateur, un système généré.

C'est d'un rapport de *dérivation* qu'il s'agit. A *priori*, c'est le système à champ étroit qui dérive du système à champ large. De l'écriture de la langue dérivent l'écriture musicale (la notation musicale suit de près la notation graphique, d'autant plus qu'elle doit servir à noter des paroles chantées) et l'écriture chorégraphique.

Un système premier, puis des systèmes de transferts.

Un système sémiologique est toujours, en principe, capable de générer un ou plusieurs autres systèmes sémiologiques.

De tels systèmes de transferts n'auraient sans doute jamais existé sans le modèle initial fournissant une structure et le nombre des éléments considérés n'est pas, par lui-même, le critère de complexité du système (ainsi le système, fort complexe, des machines électroniques et des calculatrices logiques réduisent tout à l'articulation 1/0).

13 JANVIER 1969

Leçon 5

Il faut maintenant introduire dans l'analyse descriptive et comparative des systèmes sémiologiques un nouveau rapport, que Saussure n'a ni mentionné ni peut-être vu : c'est le *rapport d'interprétation*. Il s'agit de déterminer si le système sémiologique considéré peut s'interpréter par lui-même ou s'il doit recevoir son interprétation d'un autre système sémiologique. La question que je pose est celle du *rapport d'interprétation entre systèmes* (toute différente de la notion d'interprétant chez Peirce). Pour la rendre plus apparente, pour en faire mieux ressortir les dimensions, nous allons l'aborder sous un autre angle, beaucoup plus général encore, celui de la *fonction* de la société et de la langue.

Une considération demeure essentielle : l'interprétation du système est-elle donnée par le système même ? ou est-elle donnée dans un autre système ?

La réponse est que, mis à part la musique et les arts visuels, les systèmes sémiotiques autres que la langue ne *se suffisent pas* à eux-mêmes et ont tous besoin de la verbalisation, pour cette raison d'abord que seul est signifiant ce qui est dénommé par le langage.

Illustr. 10. Note d'Émile Benveniste (PAP. OR., boîte 40, env. 80, f° 38)

Donc nous posons entre le langage et lesdits systèmes sémiotiques une *relation d'engendrement*, actualisée dans une *relation de dénomination*. C'est aussi le rapport langue-société. On peut « dire la même chose » par la parole et l'écriture, qui sont deux systèmes convertibles l'un dans l'autre, parce qu'ils sont de même type. On ne peut pas « dire la même chose » par la parole et la musique, qui sont deux systèmes de type différent. On ne dispose pas de plusieurs systèmes distincts pour le *même* rapport de signification.

C'est un rapport de *non-convertibilité* mutuelle qui s'établit entre la *langue* et la *société*.

> Les structures linguistiques et sociales sont « anisomorphes », comme l'a dit Edward Sapir. Il faut abandonner l'idée que la langue reflète la société. Une attitude un peu naïve serait de penser qu'il est possible d'établir un rapport entre entités sommaires.

Ainsi la présence ou l'absence d'un genre grammatical, les relations tonales, le nombre de voyelles, comment tout cela pourrait-il correspondre avec une structure sociale ?

Cela posé, il faut distinguer entre les langues empiriques (le français, le chinois, leurs articulations temporelles comme le présent et le passé...) et la langue de base qui fonctionne comme un système de communication interhumaine. Il y a deux niveaux à respecter, l'un contingent (historique), l'autre, fondamental, où l'on retrouve des caractères communs (des réalités inconscientes, identifiées avec la nature). Il en va tout différemment avec les institutions que les hommes changent, comparent, analysent, d'où les variations des systèmes de désignation.

Entre les deux systèmes, linguistique et social, il n'y a pas de corrélation structurale. Le rapport ne peut être que sémiologique, à savoir un rapport d'interprétant à interprété, excluant tout rapport génétique.

La langue contient la société.

On peut étudier la langue pour elle-même, comme système formel, sans tenir compte de la société. L'inverse n'est pas vrai. On ne peut pas décrire la société ni les représentations qui la gouvernent hors des réalisations linguistiques.

N'est social que ce que la langue dénomme.

En comparant les systèmes de parenté en tant que systèmes de dénomination, il est clair qu'ils sont intraduisibles les uns dans les autres (principe de non-convertibilité). Chacun repose sur un ensemble de dénomination et cela seulement existe.

La langue est donc toujours l'interprétant :

> 1) la société est susceptible de changements fréquents et la langue ne subit pas les mêmes variations ;
> 2) le système interprétant fournit la base des relations qui permettent à l'interprété de se développer comme système. La base est fournie par la langue : en exemple, le système des pronoms, *je/tu* versus *il.* Sans cette distinction linguistique qui introduit la relation de dialogue et celle d'altérité, aucune société n'est possible.

Nous accédons ainsi à la constitution intime de la langue : 1) la langue est formée d'unités signifiantes (propriété constitutive de sa nature, propriété absolue) ; 2) la langue peut agencer ces unités signifiantes d'une manière signifiante (propriété distinctive). Aucun des systèmes sémiologiques, comme les signaux routiers chez Saussure, ne trouve en lui-même la justification de son pouvoir signifiant. Tous sont en relation avec la langue ;

la langue joue vis-à-vis de tous le rôle d'interprétant sémiologique, c'est-à-dire de modèle servant à définir les termes et à définir leurs relations. Or, la langue est elle-même un système sémiologique. Elle est, hiérarchiquement, le premier d'entre eux.

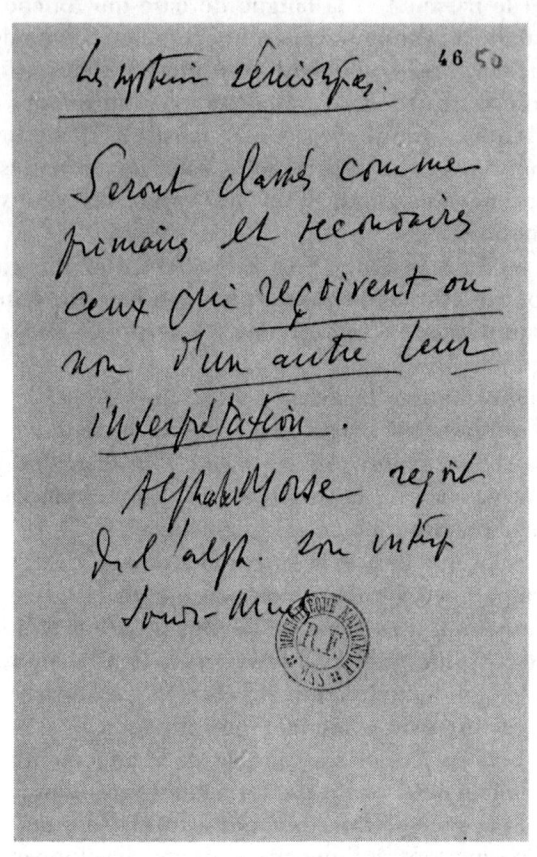

Illustr. 11. Note d'Émile Benveniste (PAP. OR., boîte 40, env. 80, f° 46)

20 JANVIER 1969

Leçon 6

Il ne suffit pas avec Saussure de poser l'existence de plusieurs systèmes sémiologiques. Il faut se demander s'ils coexistent librement, si l'on peut en créer à volonté, s'ils subsistent indéfiniment, ou s'ils se tiennent ensemble de quelque manière, s'ils ont des rapports et lesquels, s'ils se commandent l'un l'autre, bref, si l'on doit reconnaître cette notion de système sémiologique comme une donnée de fait ou comme un principe générateur.

Trois remarques :
1) il y a des signes non établis par l'homme. Ils ne font pas partie d'un système sémiologique, ainsi les phénomènes naturels. La relation entre phénomènes conduit à poser un ordre de prédiction : la pluie fait suite au tonnerre et aux éclairs... et, par là, à esquisser une théorie des opérations mentales ; mais pas de système ;
2) un individu est créateur de relations ; c'est le cas du phénomène poétique, mais cette relation instituée par un seul est seconde par rapport à la langue ;
3) la société peut produire des interprétations magiques de l'univers. Le domaine des divinations est le bien d'une classe sociale. Sont alors signifiants le vol des oiseaux, la foudre, les éclairs, les rêves, etc. Ces systèmes divinatoires sont des produits évidents d'une verbalisation. Ils sont aussi dans la dépendance de la langue.

Il nous semble que les systèmes sémiologiques, représentant quelque chose au moyen de signes spécifiques, ont toujours quelque relation entre eux. Il s'agit alors de trouver le critère qui permette de reconnaître ce rapport. Ce critère doit être lui-même de nature sémiologique.

> Il y a des systèmes qui ne deviennent signifiants que par l'intermédiaire d'un système interprétant. Il y a au moins un système interprétant permettant la signifiance dérivée.

Certains systèmes sémiologiques sont fondés sur leur ordre propre, ainsi la *musique,* articulée par des sons situés sur une certaine échelle et combinés en certaines séquences. La musique a en outre cette particularité de pouvoir opérer des *combinaisons doubles, sur deux axes simultanés,* d'une part les accords des notes superposées, de l'autre des séquences syntagmatiques. Mais, en tout cas, elle n'est pas transposable et ne répond que d'elle-même. C'est aux musiciens à dire ce que « représentent » les sons et leurs combinaisons.

> Aucune espèce de corrélation possible entre les unités de cet univers et celles d'un autre système sémiologique. Une unité musicale n'est signifiante qu'en fonction d'une convention interne. Le « *la* » ou le « *do* » peuvent ainsi être admis comme des unités. Le système relève de sa propre interprétation, sans corrélation possible avec un système de référence.

Tout autre est le principe de la *représentation par images.* Ici la parole intervient de toutes les manières. Pour indiquer le « sujet », comme référence de la représentation, comme partie nécessaire du film, qui est « parlant », comme texte représenté au théâtre. On est ici dans la dépendance non pas tant de la langue, que d'une « histoire », d'une « narration », d'une « action » parlée.

> Nous sommes très loin de posséder une théorie du système sémiologique de l'image. Aucun de ces deux systèmes, celui de la musique et celui de l'image, ne peut admettre pleinement un autre système comme interprétant.

Leçon 6 83

Il faudra distinguer entre la langue en tant que système d'expression – sans laquelle il n'y a pas de société humaine possible – et la langue-idiome, qui est particulière. C'est la langue comme système d'expression qui est l'interprétant de toutes les institutions et de toute la culture.

27 JANVIER 1969

Leçon 7

On pourrait dire que la langue appartient au système général de la « signification », qu'elle fait partie à titre de système particulier, plus élaboré, du monde des systèmes signifiants, dont la caractéristique est d'être des systèmes, de présenter la signification comme distribuée et articulée par des principes eux-mêmes signifiants. Il y a donc une force originelle à l'œuvre qui opère les grandes séparations d'unités qui nous apparaissent éternellement divisées, comme « forme » et « sens », « signifiant/signifié ».
Aucun autre système que la langue ne comporte la possibilité pour les signes dudit système :
    1) de former des ensembles constituant de nouvelles unités, c'est-à-dire : dans aucun autre système, les unités ne sont susceptibles de se composer ni de se décomposer ;
    2) de fonctionner comme « mots » d'une « phrase » ;
    3) de se modifier en quelque manière (signifiant ou signifié) dans un « contexte » ;
    4) de se comporter comme homophones ou comme synonymes.
Mais alors on en vient à se demander : la langue est-elle encore un système sémiotique au sens où le sont les autres systèmes ? N'est-elle pas autre chose ? Je crois que la principale différence entre la langue et les « systèmes sémiotiques » est qu'*aucun système sémiotique n'est capable de se prendre lui-même comme objet* ni de se décrire dans ses propres termes.

Illustr. 12. Note d'Émile Benveniste (PAP. OR., boîte 40, env. 80, f° 56)

Je commence à douter que la langue appartienne réellement à la sémiotique. Ne serait-elle pas seulement l'interprétant de tous les systèmes sémiotiques ?

> Une distinction de base entre systèmes est à respecter :
> 1) ceux qui se contiennent eux-mêmes (qui sont autonomes) ;
> 2) ceux qui ont besoin d'un interprétant.
>
> Une hiérarchie est à établir entre systèmes autonomes et systèmes dépendants. En exemple, le système de l'écriture qui n'existe que par rapport à la langue. Mais il s'agit de voir com-

ment un système utilisant la main, laissant une trace écrite, représente la langue. Il y a ainsi une signifiance du premier degré, une autre du deuxième degré, etc.

Si une conversion relative est possible de la langue à l'écriture et inversement, elle est impossible entre composition verbale et composition musicale.

Tous les systèmes sémiologiques n'ont pas les mêmes unités ni les mêmes articulations. L'unité sonore n'est pas décomposable en unités plus petites, constitutives, et ne combine pas autre chose que des unités sonores. Par lui-même le son n'est pas signifiant. De même avec les couleurs. Il n'y a pas d'unité de base ni de valeurs constantes : le choix est arbitraire. En bref, les conversions ne sont possibles qu'à l'intérieur d'un système donné.

Rappel : l'unité *sémiotique* est une unité de signification.

– Systèmes *signalétiques* : seule l'opposition est signifiante par rapport à une signification de base donnée arbitrairement.

– Systèmes des *sons* articulés en musique : le son (seule unité) est aussi un simple événement. La position qu'il occupe dans une certaine échelle (une disposition mathématique) est un fait de relation d'un son par rapport à un autre. Par lui-même, il n'est pas associé à une signification.

– Systèmes de l'*image* : quelle est l'unité du système ? Est-ce l'image ? La couleur ? Les critères restent à fixer à l'intérieur d'une théorie de l'image.

– Système de la *langue* : les unités sont isolables, constantes et porteuses de signification. Par nature, c'est une totalité complète, autonome. Elle est formée de signes dont chacun a sa valeur de signifiance.

Il y a deux modes de signifiance, caractéristique qui semble n'être nulle part ailleurs. Contrairement à ce que Saussure pensait, c'est une propriété qui met la langue hors des systèmes sémiologiques :

1) chaque signe est constitué par une relation de signifiant à signifié. Dans les unités de base, la signifiance est déjà incluse : elle est constitutive de ces unités ;

2) ces unités sont assemblées ; elles ne fonctionnent qu'ensemble. Le principe de ce fonctionnement est le second mode de signifiance.

La signification est, dans la langue, organisée à deux niveaux.

Illustr. 13. Note d'Émile Benveniste (PAP. OR., boîte 40, env. 80, f° 58)

CHAPITRE 2

La langue et l'écriture

Illustr. 14. Plan pour le cours « La langue et l'écriture »
(BNF, PAP. OR., boîte 40, env. 80, f° 88)

3 FÉVRIER 1969

Leçon 8

Nous vivons dans la civilisation du livre, du livre lu, du livre écrit, de l'écriture et de la lecture. Notre pensée est constamment, à quelque niveau que ce soit, informée d'écriture.

Cela met en rapport de plus en plus intime, on ne peut plus intime, avec l'écriture la langue entière, la parole et la pensée même, qui ne se dissocie plus de son inscription réelle ou imaginée. Toute réflexion sur la langue, en particulier, fait surgir en notre pensée la forme écrite où les signes linguistiques prennent réalité visible.

Cette condition où nous sommes à l'égard de l'écriture masque à nos yeux la plus grande difficulté du problème, une difficulté qui tient bien moins à la matière qu'à la manière dont instinctivement nous l'envisageons ; c'est que, sans un effort d'imagination dont bien peu sont capables, nous ne sommes plus guère en mesure de nous arracher à notre expérience séculaire pour repenser à neuf, dans leur relation primordiale, la langue et l'écriture.

Et d'abord de *quelle écriture* parle-t-on ? Saussure décide de parler des écritures remontant à l'alphabet grec. Mais les *autres* ? Ne confondons pas l'*écriture* avec la *langue écrite* (je prends cette expression comme signifiant « la langue sous forme écrite »).

Ce que Saussure a en vue dans sa discussion, c'est la connaissance de la langue que nous prenons dans sa forme écrite. Et il insiste sur les dangers, les illusions liées à cette représentation. Personne ne le contestera. Mais nous sommes complètement hors du problème qui est le rapport de l'écriture avec la langue. Il confond l'écriture avec l'alphabet et la langue avec une langue moderne. Or les rapports entre une langue moderne et l'écriture sont spécifiques, non universels.

Au moins avec Saussure nous savons où nous sommes : *dans la société*, et non dans la nature, non dans l'esprit et l'univers comme avec Peirce.

L'écriture est un système qui suppose une abstraction de haut degré : on s'abstrait de l'aspect sonore – phonique – du langage avec toute sa gamme d'intonation, d'expression, de modulation.

> Une limitation du phénomène de l'écriture ne doit pas être prise comme une totalité. C'est un niveau particulier. Il ne sert à rien de proposer un parallèle entre /kar/ et « car » ou entre /o/ et « eau ». La langue en tant que représentée par l'écriture et cette représentation même sont à considérer. Nous avons à envisager l'écriture en soi.

C'est une distinction que j'introduis et qui est indispensable. Car seule elle permet de raisonner sur l'écriture comme système sémiotique, ce que Saussure ne fait pas. C'est pourtant le premier principe de l'analyse de l'écriture.

Si on pose que l'écriture est en soi et pour soi un système sémiotique, il faut en tirer les conséquences. *La* graphē *« représente » la* phōnē, tel est le principe. Donc rien ne peut et ne doit faire obstacle à cette représentation ni l'interpréter autrement qu'elle l'admet en soi. Il faut ici garder l'écriture comme établissant une relation réversible biunivoque entre deux termes et deux seulement : *graphē* ↔ *phōnē*.

> Les ouvrages dont nous disposons portent sur les écritures, pas sur l'écriture en soi, sur le procédé de transposition en lui-même.
> Comment justifier des relations entre graphèmes et sons ? Aucun des quatre sons de la phonie [wazo] ne trouve correspondance dans les six signes graphiques /o-i-s-e-a-u/.

On dira que la *graphē* OISEAU représente la *phōnē* [o.i.s.e.a.u], jamais [wazo]. Un système sémiotique ne peut fonctionner que sur le principe *un* signifiant / *un* signifié, donc *une* graphē / *une* phōnē. À mesure que l'écriture s'alphabétise, qu'elle devient

« phonétique », elle s'assujettit de plus en plus à la *phōnē* et par là à la langue. Mais ce sont là des conditions historiques et empiriques, nullement organiques ni nécessaires.

Avec l'écriture le locuteur doit se dégager de la représentation qu'il a instinctivement du parler comme activité, comme extériorisation de ses pensées, comme communication vivante. Il doit prendre conscience de la langue comme réalité distincte de l'usage qu'il en fait : c'est déjà une opération très pénible – comme le savent par expérience ceux qui enseignent aux enfants les rudiments de l'écriture.

La langue est soudain convertie en une image de la langue. L'activité complète dans laquelle le locuteur est engagé, ce comportement gestuel autant que phono-acoustique, cette participation de l'autre, de tous les autres, de la totalité des partenaires possibles dans cette manifestation individuelle et collective, tout cela est remplacé par des *signes* tracés à la main.

> Toute acquisition de l'écriture suppose une série d'abstractions. Il y a conversion soudaine de la langue en image de la langue. Pour l'homme en état de nature, c'est quelque chose de prodigieux et d'extrêmement difficile. La langue, en effet, est une activité, un comportement où l'on est toujours dans la situation de dialogue. Le passage à l'écriture est un bouleversement total, très long à se réaliser. Le locuteur doit se dégager de cette représentation de la langue parlée comme extériorisation et communication.
>
> 1) Une première grande abstraction réside ainsi dans le fait que la langue devient une réalité distincte. En effet, instinctivement, on parle quand on a besoin ou envie de parler, dans certaines circonstances pour obtenir un certain résultat, avec une personne qui a une certaine voix, dans certains rapports d'âge, de camaraderie, etc. Il y a toujours des situations où le locuteur exerce son parler.

C'est à ce caractère spécifique de la situation où il se trouve et du besoin particulier qu'il veut exprimer que le locuteur – et particulièrement l'enfant – lie instinctivement l'exercice de la parole. Nous disons bien : exercice de la parole. C'est là une abstraction qu'il doit – tout aussi péniblement – accomplir. Le locuteur doit prendre conscience de ce que, quand il parle, il met en action une « langue » que l'autre aussi possède et manie ; que chacun parle, mais que chacun en parlant et en parlant différemment avec une voix différente, des intonations différentes, dans des circonstances différentes, utilise la *même* « langue ».

> 2) L'abstraction consiste alors à se détacher de cette richesse « contextuelle », qui, pour le parlant, est essentielle.
> 3) Il doit parler de choses hors des circonstances qui font qu'on a besoin d'en parler, alors que pour lui, ce sont des réalités vivantes.

L'enfant doit s'abstraire du besoin qui le fait parler, d'aller jouer avec un camarade, ou de manger une pomme pour « objectiver » la donnée linguistique /jouer/ ou /pomme/ alors qu'il s'ennuie à s'occuper de ces choses qui n'existent pas pour lui. Il s'agit d'une langue qui ne s'adresse ni à ses camarades ni à ses parents, une langue dont on ne sait qui la parle ni qui l'entend.

> 4) Le processus d'acquisition de l'écriture.

Un autre niveau d'abstraction est imposé à celui qui accède à l'écriture : à savoir non seulement la conscience – même faible – du parler transféré à la langue, c'est-à-dire à la pensée, mais la conscience de la langue ou de la pensée – en fait des *mots* – représentée en images matérielles. Du mot au dessin du mot, un saut immense est accompli, du parler à l'image symbolique du parler.

> Il n'y a pas que cette étape de prise de conscience de la langue ; il y a cette découverte que quand on parle, on se sert de mots. Or on parle en totalité et cette totalité se réalise au moyen de segments. Il n'y a pas seulement l'existence de mots individuels, récurrents, c'est le rapport entre ce qu'on écrit et ce qu'on pense qui fait question.

Car l'acte d'écrire ne procède pas de la parole prononcée, du langage en action, mais du langage intérieur, mémorisé. L'écriture est une transposition du langage intérieur, et il faut d'abord accéder à cette conscience du langage intérieur ou de la « langue » pour assimiler le mécanisme de la conversion en écrit.

> Le langage intérieur a un caractère global, schématique, non construit, non grammatical. C'est un langage allusif.

Leçon 8

Le langage intérieur est rapide, incohérent, parce qu'on se comprend toujours soi-même. C'est toujours une langue *située*, dans un contexte présent, qui fait partie de la condition de langage, donc intelligible pour le parlant et pour lui seul. Mais transférer ce langage intérieur, conditionné par le rapport du locuteur avec lui-même dans une expérience et une circonstance uniques, changeantes, dans une forme intelligible à d'autres et perdant sous son aspect écrit toute relation *naturelle* avec l'occasion qui a été celle du langage intérieur, est une tâche considérable et qui exige une attitude toute différente de celle que nous avons acquise par l'habitude de transférer la pensée à l'écriture.

> Rendre intelligible le langage intérieur est une opération de conversion qui va de pair avec l'élaboration de la parole et l'acquisition de l'écriture.

Saussure défend l'idée banale de l'écriture comme système subordonné à la langue. Or rien n'empêche d'imaginer un « signe iconique » (ou « symbolique », comme on voudra, le choix des termes est tout à fait indépendant de la terminologie de Peirce) qui associerait la pensée à une matérialisation graphique, *parallèlement* au « signe linguistique » associant la pensée à sa verbalisation idiomatique. La représentation iconique se développerait *parallèlement* à la représentation linguistique et non en subordination à la forme linguistique.

Cette iconisation de la pensée supposerait probablement une relation d'une autre espèce entre la pensée et l'icône qu'entre la pensée et la parole, une relation moins littérale, plus globale.

10 FÉVRIER 1969

Leçon 9

Si l'on écarte le rapport trop sommaire entre langue, écriture et représentation (entre la représentation iconique de /maison/ et le terme « maison » la distance est immense), il est possible d'étudier l'écriture soit dans son mode d'acquisition, soit, à travers l'histoire, dans ses modes variés. Mais, historiquement, il y a des différences fondamentales entre les systèmes d'écriture.
Pour trouver les premiers spécimens de l'écriture, il faut remonter au milieu du IIIe millénaire et probablement plus haut encore, au IVe millénaire avant notre ère. Il s'agit des écritures constituées en Égypte (le proto-égyptien) et en Sumérie. Mais ce sont sans doute des conditions fortuites qui nous ont gardé ces témoignages et rien ne permet d'y voir le début de l'écriture.
Il y a le problème des « traces » gravées sur des objets préhistoriques. Sont-ce des commencements de représentation de langue ? On s'est demandé si certaines images ne constituaient pas des narrations, mais nous n'aurons jamais la face linguistique qui pourrait être liée à ces signes.
Pour construire un certain modèle de correspondance qui pourrait avoir existé à ces époques reculées, nous pouvons penser à des réalités proches. À date historique, en effet, on voit appliqué le principe de la reproduction imagée. Plusieurs écritures ont été créées au XIXe siècle par des analphabètes, en Afrique (le bamun), en Amérique du Nord (les Indiens Cherokees), chez les Eskimō du Nord de l'Alaska.
Au milieu du XIXe siècle, une mission s'établit dans un milieu de langue eskimō. Alfred Schmitt (1851) veut prêcher, mais il ne dispose pas de langue écrite pouvant servir à la communication.

> Un chaman converti, voyant les missionnaires écrire, eut l'idée d'écrire sa langue. Il y a toujours une impulsion à partir d'une écriture déjà existante (imitation et non point invention). Antérieurement des tentatives avaient eu lieu ; des envoyés devaient emporter des messages à l'occasion d'une fête à dons et contredons. L'envoyé se sert de gravures mnémotechniques.

Une notion qui me paraît importante et qui n'est pas encore explorée dans ses rapports avec l'*écriture* est celle de *message*. Le messager récite un texte qu'il a mémorisé. Il ne parle pas. Ce n'est pas son discours qui sort de sa bouche. Il est la bouche et la langue d'un autre. Quelle situation singulière et comment n'organiserait-elle pas un discours tout particulier !

> La mémoire est une condition essentielle. Il est nécessaire de recorder des noms propres, des généalogies, des comptes, des inventaires... Il y a un moment où les traditions risquent de se perdre, où un catalogue a besoin d'être établi.

Quand le messager doit garder en mémoire plusieurs messages différents à porter à plusieurs personnes, il a besoin d'aide-mémoire comme le *quipu* (le « nœud », en quichua). Il pourra utiliser des repères graphiques tracés sur un papier qui l'aideront à restituer le texte particulier qu'il porte à un destinataire particulier : ce seront des images reproduisant sommairement les données principales que son discours mentionnera.

> Ces procédés (nœuds, encoches sur une baguette, combinaison de traits) sont personnels et non d'usage commun. Nous avons les documents écrits de la manière dont ont été notés dans la langue eskimō certains textes de l'Écriture sainte. C'est encore une mnémotechnie personnelle, mais nous nous rapprochons de l'écriture, puisqu'il y a imitation de l'écriture occidentale.

Quand l'homme primitif « représente » en le dessinant un animal ou une scène, il l'écrit. Son « écriture » alors reproduit la scène elle-même, il écrit la réalité, il n'écrit pas la langue, car pour lui la langue n'existe pas comme « signe ». La langue est elle-même création. On peut donc dire que l'« écriture » commence par être « signe de la réalité » ou de l'« idée », qu'elle est *parallèle* à la langue, mais non son *décalque*.

La pictographie fait apparaître des récurrences discursives traditionnelles du type : « et alors... et alors... » Un dessin d'homme indique par la posture du corps et des bras orientés vers les dessins suivants qu'on est au commencement ou à la reprise d'un texte : « Et alors... »

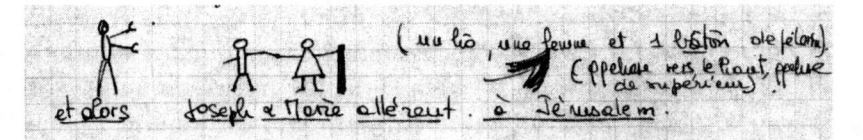

Illustr. 15. Dessin d'un auditeur reproduisant fidèlement celui de Benveniste (présent dans ses notes, mais peu lisible) repris au tableau lors de son cours

Puis, pour communiquer tel message du Nouveau Testament concernant les parents de Jésus, viennent successivement les pictogrammes d'un homme et d'une femme s'appuyant sur un bâton (Joseph et Marie) et, finalement, une flèche dirigée vers le haut, censée noter la direction suivie par les deux personnages : « Et alors, Joseph et Marie allèrent à Jérusalem. »
Pour nous, ces pictogrammes introduisent une infinité de relations. Personne, sans le texte traduit, ne pourrait retrouver la signification d'une telle succession de dessins. Et surtout, comment deviner que le premier pictogramme est un instrument présentatoire grammatical revenant comme outil ? Un autre Eskimō n'aurait pas davantage pu comprendre.
Autre exemple : /Dieu/ est représenté par une icône.

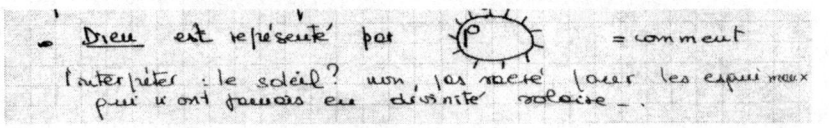

Illustr. 16. *Idem*

Un cercle muni de rayons et comportant, dans la partie gauche du cercle, un petit trait vertical coiffé par un autre petit cercle. Comment l'interpréter ? Le soleil ? Non, les Eskimō n'ont jamais eu de divinité solaire. En fait, il s'agit d'un « masque » magique, (*agaiyun*, en eskimō) de tradition chamanique. Un autre Eskimo était capable de traduire par « masque », mais non par /Dieu/.
Ce qu'on décrit au moyen de ces images, ce sont des événements ; ce n'est pas une langue. Bien sûr, ces événements sont racontés dans une certaine langue, mais, dans cette narration, il n'y a rien de spécifique de la langue en question. C'est le réfé-

rent qui est décrit. Nous n'avons pas affaire à un signe linguistique. L'écriture n'est pas ici signe de la langue, mais signe du référent. La particularité de la langue n'entre pas en question. Nous ne voyons pas de correspondance directe entre la langue et l'écriture.

Je ne fais pas de génétique des écritures ; je ne recherche pas l'origine de l'écriture. Je veux seulement voir quelles solutions l'homme a données au problème de la « représentation graphique », et je constate que, aussi bien dans l'antiquité la plus reculée que nous puissions atteindre que dans les temps modernes, l'homme commence toujours par représenter graphiquement l'*objet* du discours ou de la pensée, c'est-à-dire le référent. La tendance « naturelle » est de communiquer par un moyen graphique les *choses* dont on parle, et non le discours qui en parle. Il est donc inexact, pour qui embrasse tout l'ensemble des manifestations de l'écriture, que l'écriture soit le signe de la langue, qui est elle-même le « signe » de la « pensée ». On ne peut dire de l'écriture qu'elle est signe de signe. Elle est *devenue* seulement une transcription de la parole.

17 FÉVRIER 1969

Leçon 10

Que faut-il donc pour que cette représentation graphique devienne écriture ? Il faut une véritable découverte : que le locuteur-scripteur découvre que le message est exprimé dans une forme linguistique et que c'est la forme linguistique que l'écriture doit reproduire. De là date une vraie révolution : l'écriture prendra pour modèle la langue. Le scripteur orientera alors son effort vers la recherche d'une graphie reproduisant la phonie et donc d'une graphie composant un nombre *limité* de signes.

Cette grande innovation a été réalisée, indépendamment, semble-t-il, sur plusieurs points du monde, mais avec des moyens tout différents.

> Il n'y a pas de relation nécessaire entre la langue et l'écriture. L'expression graphique dans le cas des Eskimō ne porte pas référence à la langue. Ce ne sont pas des signes linguistiques. Comme elle n'atteint pas la langue actualisée, elle est condamnée à être individuelle. Elle n'est pas transmissible.

La destination mnémonique de la notation va de pair avec la représentation naturiste directe et globale, non analytique. Donc cette notation peut conduire à une interprétation, mais non à une « traduction », ni dans la langue propre (rétroversion), ni dans une autre. La diversité infinie, la productivité illimitée des messages possibles impose une limite à la notation et cette limite est atteinte très vite : le scripteur devrait inventer sans cesse de nouveaux « symboles » graphiques, et il ne saurait pour autant surmonter la difficulté essentielle de noter ce qui dans le message n'est pas susceptible d'une représentation iconique, c'est-à-dire en fait ce qui relève proprement de la fonction linguistique (les relations entre les membres de l'énoncé, les termes grammaticaux, etc.)

> L'étape décisive de la réduction du nombre des signes graphiques est déjà franchie quand nous pouvons commencer à réfléchir : nous avons affaire à des réalisations déjà achevées, à des systèmes déjà constitués.

1) En Chine :
Ici la chance a été exceptionnelle d'avoir une langue où chaque signe était syllabique, où chaque syllabe était un signe distinct, et où le signifié de maintes syllabes pouvait comporter une représentation iconique.

> Cette situation exceptionnelle tient à la structure même de la langue, où chaque signe linguistique coïncide avec une unité d'articulation syllabique. Chaque signe est signifiant : une unité sémiotique et une unité formelle, non décomposable en unités sémiotiques plus petites.

L'analyse de l'énoncé s'opérait sans effort et l'ancienne écriture chinoise comportait de nombreux pictogrammes.

> Ces représentations imagées offraient une correspondance immédiate avec le terme décrit. Ainsi *mu*, l'arbre, *kuo*, le fruit, *ming*, le bol, les trois traits superposés pour le nombre trois, la combinaison des quatre points cardinaux à partir d'un point central d'où une figure comportant 5 points pour le nombre cinq...

Leçon 10 103

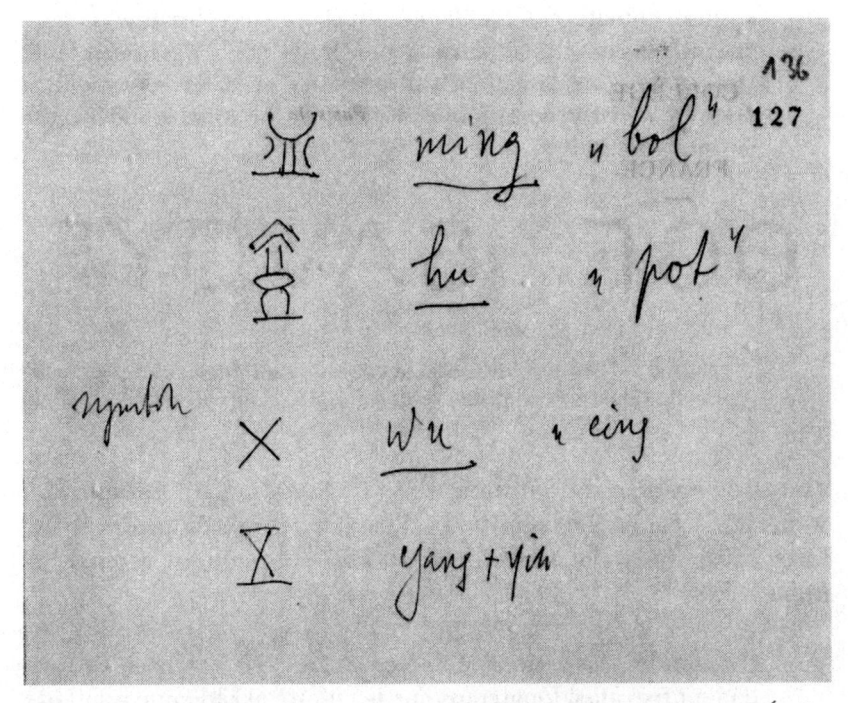

Illustr. 17. Pictogrammes de l'ancienne langue chinoise reproduits par Émile Benveniste (PAP. OR., boîte 40, env. 80, f° 127)

On restait donc dans la structure de la langue en instaurant des unités : l'unité de sens était en même temps l'unité d'articulation (syllabique) et l'écriture dépeignait à la fois le sens et la forme. Le principal obstacle rencontré était la multiplicité des homophones et les confusions inévitables qui résultaient d'un même signe graphique employé pour plusieurs homophones. On a donc dédoublé les signes et adopté l'usage des « clefs » phonétiques et sémantiques :

> Le chiffrage de l'intonation est la seule innovation. Autrement, fixité de l'écriture, malgré les stylisations. Caractère unique de l'écriture chinoise ; jusqu'à nos jours, rien n'a été fondamentalement changé.

2) En Mésopotamie :

L'écriture sumérienne se transforme assez rapidement en écriture cunéiforme. La filiation est claire entre certaines images et leur référent. Ainsi la trace sur l'argile molle du roseau taillé (le « clou ») dessine l'œil ou la main ; mais, en akkadien, le dessin se décompose en plusieurs éléments. Le « global » archaïque devient « analytique ».

Illustr. 18. Dessin d'un auditeur reproduisant fidèlement celui de Benveniste (présent dans ses notes, mais peu lisible) repris au tableau lors de son cours

Ce qui complique la question a été l'adaptation du cunéiforme sumérien à l'akkadien sémitique. Les deux langues ont des structures différentes (le sumérien n'est pas uniquement monosyllabique).

Une fois faite la décomposition en « clous », le système a été totalement fixé aussi longtemps que la culture akkadienne a subsisté en Mésopotamie et en Asie Mineure.

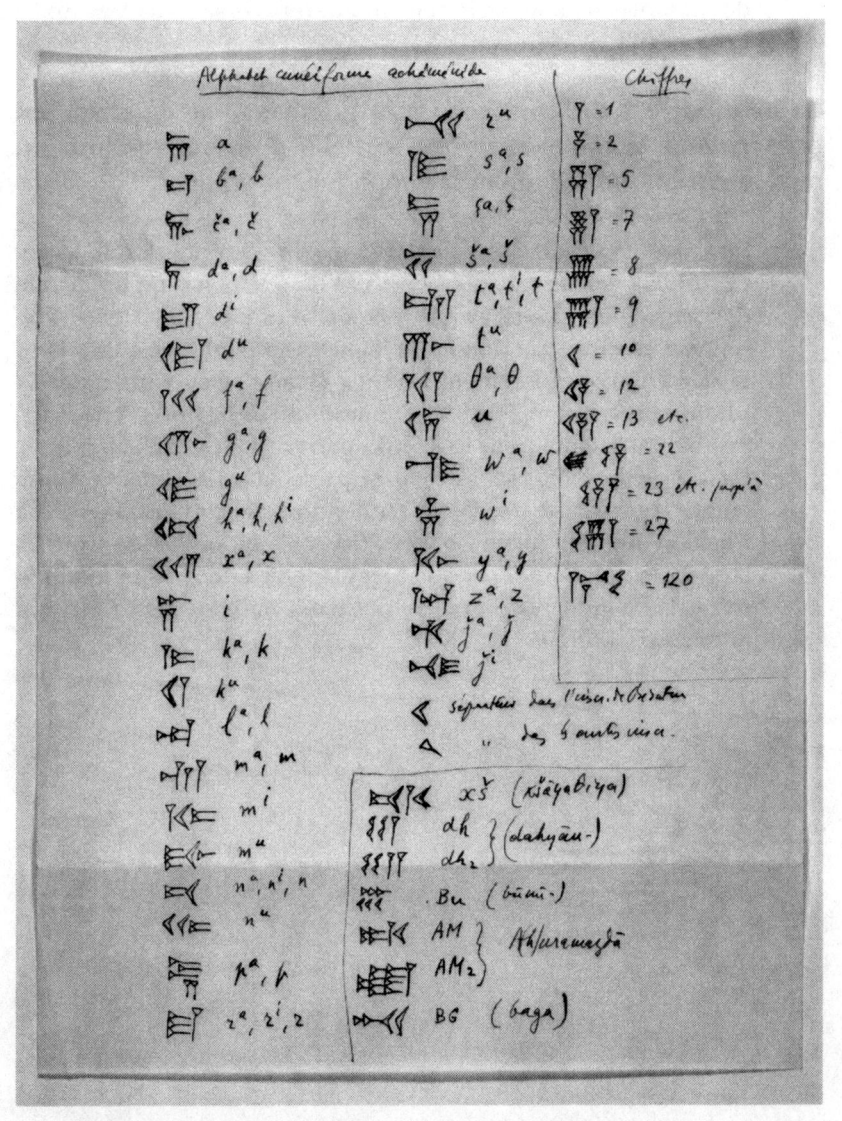

Illustr. 19. Alphabet cunéiforme achéménide transcrit par Benveniste (archives du Collège de France, cote CDF 28/18)

3) En Égypte :

> Là encore, nous avons avec les hiéroglyphes des dessins parlants : des hommes debout, assis, tenant différents objets, des oiseaux... Le matériel est bien connu.

La méthode est celle du rébus : la graphie d'un signifiant est prise comme graphie totale ou partielle d'un autre signifiant, totalement ou partiellement homophone au premier.

> Principe : le dessin d'un chat et le dessin d'un pot donne « chapeau ». La preuve est donnée par l'image même qu'il y a une décomposition du signe permettant d'utiliser des signes graphiques connus. Économie du signe graphique puisqu'on peut se détacher complètement du sens /chat/ et ne garder que la phonie de son nom. On peut composer : /cha-pot/ /cha-leur/ /a-chat/ et même pour /ch/ (phonie partielle) : /ch-aud/.
> La décomposition est nécessaire, parce que l'égyptien est une langue polysyllabique. D'où l'utilisation de certains signes en fonction de leur forme sonore. Une fois qu'on a découvert la langue, la notation des récurrences a permis de réduire le répertoire, bien qu'il reste grand : plusieurs milliers dans l'écriture archaïque chinoise.

24 FÉVRIER 1969

Leçon 11

Dernière considération.

Toutes ces inventions ne sont pas les étapes d'un développement linéaire. Chacune d'elles est un commencement absolu, indépendant des autres systèmes. *Chacun d'eux se fixe et ne change plus :* hiéroglyphes immuables ; cunéiforme toujours identique ; caractères chinois identiques à eux-mêmes. Linéaire B aussi [écriture mycénienne].

Seul l'alphabet grec a été capable d'évoluer et de s'adapter aux différentes langues.

Il y a une relation étroite entre les types d'écriture et les types de langues, entre un type de culture (le développement économique) et un type d'écriture ; les Phéniciens et les Grecs sont des marchands, des marins, des voyageurs, des commerçants dans tout l'Orient.

> – Il y a des systèmes où l'unité graphique est identique à l'unité du signe : chaque signe graphique coïncide avec un signe de la langue ; ni manque, ni excès. L'unité graphique est le mot. Le seul exemple parfait est le chinois.
> – Il y a des systèmes où l'unité graphique est inférieure à l'unité linguistique. L'unité graphique est une partie du signe (par exemple, la syllabe). Dans cette catégorie entrent généralement les systèmes pratiqués aujourd'hui. Ces écritures supposent un procès capital : la décomposition de l'unité de langue, donc la possibilité de considérer la langue comme forme, comme indépendante de ce qu'elle communique.

Il faut d'abord prendre conscience de l'énoncé comme tel : c'est là, pour nous, peut-être le point le plus difficile, le moins reconnu encore. Il faut que le locuteur ait conscience qu'il a formé une phrase, qu'il l'objective, qu'il la détache du message qu'elle porte et qu'il entreprenne d'en reconnaître et d'en isoler les mots.

> La segmentation en syllabes se retrouve dans trois systèmes linguistiques différents :
> 1) le sumérien ;
> 2) l'akkadien (langue sémitique) ;
> 3) les langues indo-européennes comme le grec cypriote ou le vieux perse (l'iranien).

Les systèmes syllabaires sont tous, et dès le début, des systèmes hybrides, puisqu'ils gardent des attaches avec deux autres types de représentation graphique :

> – écriture de mots (voir le principe du système chinois). Dans le syllabaire cunéiforme (suméro-akkadien) certains complexes de signes correspondent à des unités linguistiques spécifiques. Une convention graphique donne lieu à un mot pour des termes très usités comme « Dieu » ;
> – écriture de sons isolés, non syllabiques, portant en germe l'alphabétisation. Ainsi, dans le système syllabaire cypriote, une unité graphique comme [sa-ta-si-ku-po-ro-se] correspond à une unité orale articulée, un nom propre dont nous avons le témoignage : [*stasikupros*].

Trois des signes syllabiques (trois voyelles d'appui) ne sont pas repris dans la forme articulée :

> – sa → s ;
> – po → p ;
> – se → s.

De même, [po-to-li-ne] (accusatif singulier du mot « ville ») est prononcé : [*ptolin*].

On relève toujours une discordance entre le statut sonore et le statut graphique. La graphie ne permet pas d'accéder directement à la langue. Si nous ne connaissions pas le grec, nous ne pourrions certainement pas retrouver dans la notation syllabique la distribution des voyelles. On est proche de l'alphabétisation, mais le phénomène est autre.

Les écritures sémitiques *alphabétiques* constituent une étape décisive. Le schéma consonantique est porteur de sens et la vocalisation a une fonction grammaticale. Ici encore la graphie corres-

Leçon 11

pond à la structure linguistique. De la forme historique du grec (XVe siècle avant J.-C.), le *syllabaire mycénien*, nous ne savons rien. C'est l'*alphabet grec* qui réalise le grand progrès final : chaque son est distingué, non plus seulement les syllabes, mais les sons, et reproduit par une lettre et une seule. Ainsi voyelles et consonnes sont distinguées et écrites les unes et les autres. De nouveau une nécessité de structure dans une langue à variations morphologiques où la forme des mots n'est pas fixée, où la longueur des formes est très variable, avec alternances, variations partielles.

> Le sémantique prédomine dans la structure sémitique ; les consonnes priment les voyelles. Le jeu des voyelles à l'intérieur d'un schéma consonantique indique les données grammaticales. La vocalisation est un phénomène tout à fait exceptionnel à l'origine. Les relations grammaticales sont reconstituées.
> Dans l'alphabet grec, l'analyse de la syllabe donnera le même statut à la voyelle et aux consonnes.
> L'écriture révèle une sémiotique de la langue ; ainsi se fait jour la différence entre une langue de type grec et une langue de type phénicien. En grec, la voyelle est essentielle pour déterminer le sens même de l'unité. C'est par une variation vocalique que se distinguent deux classes morphologiques comme le pronom de la deuxième personne et l'interrogatif neutre : *tu* (dialectal et ancien, remplacé par *su*) opposé à *ti*.

Comment de la syllabe est-on passé à l'unité du son ou du phonème ? La circonstance décisive a été :
  1) l'invention phénicienne ;
  2) l'adaptation des lettres phéniciennes au grec.

Les Phéniciens avaient déjà conformé l'écriture au principe fondamental de leur langue, qui est la prédominance de l'étymologie ou du sémantique sur le grammatical, et de la structure consonantique sur la variation vocalique. Ils avaient donc dissocié en graphie la consonne de la voyelle, seule la consonne étant explicite. Les Grecs ont accompli un nouveau pas en écrivant systématiquement comme distinctes voyelles et consonnes à partir de leur langue où les variations grammaticales détruisaient souvent les relations étymologiques (de type – présent, *lambanō*, « je prends » et parfait, *eilēpha*, « j'ai fini de prendre »).

La coupe *syllabique* de la parole est, me semble-t-il, la coupe naturelle, car on ne peut isoler d'un support vocalique un son quel qu'il soit. L'*unité de décomposition* de la parole sera donc ou une voyelle ou un segment incluant une voyelle (CV ou VC). L'articulation naturelle de la parole est reproduite comme articulation naturelle de l'écriture. Du reste, pour le linguiste aussi, la syllabe est une unité *sui generis*.

Écriture syllabique : Pour comprendre la création des écritures, il faut non pas seulement envisager – de l'extérieur – le rapport avec le type de langue, mais essayer de se représenter, dans son mouvement même, l'invention qui prolonge la langue.

On voit alors que les inventeurs projettent dans leur écriture le type de représentation qu'ils se font de leur langue. En chinois, on construit des « caractères » pour chaque signifiant : il y a équivalence formelle entre un signifiant et un caractère. Que le chinois soit monosyllabique est une considération tout extérieure. Ce qui compte est que, pour ceux qui ont imaginé l'écriture, celle-ci réalise le modèle idéal : chaque signifiant et seul un signifiant est exprimé par un signe et un seul ; inversement chaque signe et un seul signe répond à un signifiant et un seul (je ne tiens pas compte de l'aménagement secondaire qui a introduit l'usage de caractères « phonétiques » pour parer à l'homophonie).

Dans une situation différente, le sumérien obéit à la même relation : il se trouve que le sumérien a un grand nombre de signes monosyllabiques. Là est le fondement pragmatique du syllabaire sumérien : beaucoup de signifiants se réalisaient en un caractère. Puis extension à la notation cette fois décomposante des langues sémitiques de Mésopotamie.

> Représentation de l'énoncé dans l'écriture : en grec, dès les premiers dialectes notés, les parties de l'énoncé sont en relation étroite ; il y a des articulations de caractère phonétique (phénomène du *sandhi* qui affecte l'initiale ou la finale de certains mots). La continuité d'un discours articulé et les modifications qui se produisent entre la fin et le début d'un signe, cela va de pair. Le flux de la parole est en quelque sorte matérialisé.

La parole primaire est un flux de mots, un continu. La parole secondaire (l'écriture) est aussi en maint cas un continu (les textes épigraphiques se présentent sans séparation de mots). Elle peut être aussi affectée de séparations. La ponctuation est l'expression en langage secondaire des divisions et intonations syntaxiques du langage primaire : fin d'énoncé.

> Le problème est double : celui de la conversion du discours en forme linguistique (il faut ramener l'énoncé à ses parties constituantes et reconnaître qu'il y a un nombre de signes limité) et celui de l'écriture comme système formel. Le procédé de formalisation permet de détacher la langue de son utilisation.

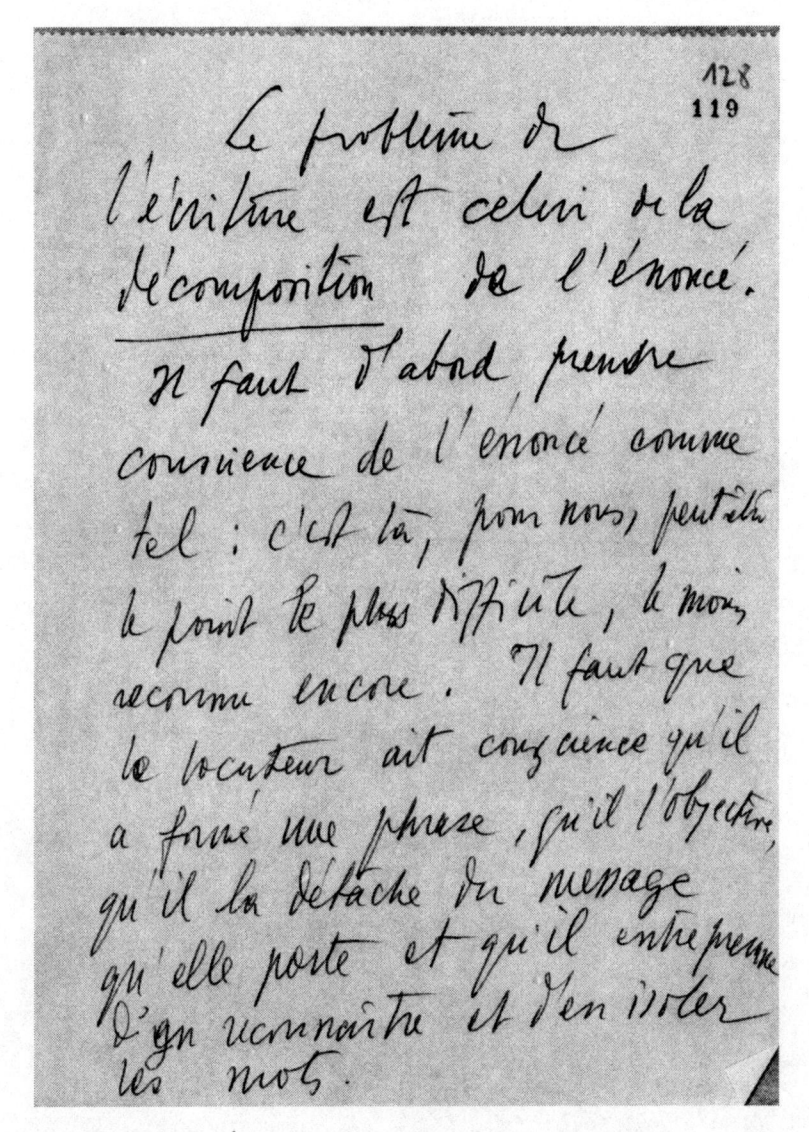

Illustr. 20. Note d'Émile Benveniste (PAP. OR., boîte 40, env. 80, f° 119)

Leçon 12

L'auto-sémiotisation de la langue :

> L'écriture a toujours et partout été l'instrument qui a permis à la langue de se sémiotiser elle-même.

Cela veut dire que le parlant s'arrête sur la langue au lieu de s'arrêter sur les choses énoncées ; il prend en considération la langue et la découvre signifiante ; il remarque des récurrences, des identités, des différences partielles et ces observations se fixent dans des représentations graphiques qui objectivent la langue et qui suscitent en tant qu'images la matérialité même de la langue.

L'écriture et tout particulièrement l'écriture alphabétique est *l'instrument de l'auto-sémiotisation de la langue*. Comment ? En vertu des propositions suivantes :

1) la langue est le seul système signifiant qui puisse se décrire lui-même dans ses propres termes. La propriété métalinguistique est bien propre à la langue du fait qu'elle est l'interprétant des autres systèmes ;

2) mais pour que la langue se sémiotise, elle doit *procéder à une objectivation de sa propre substance*. L'écriture *devient* progressivement l'instrument de cette objectivation formelle.

Principe fondamental de l'écriture

Au principe, on veut transmettre ou conserver un *message*. On veut donc véhiculer *à distance* un énoncé, on veut *réaliser graphiquement du sémiotique*. Un bel exemple est le message des Scythes à Darius chez Hérodote [IV, 131, message sous forme de rébus : les Scythes ont envoyé un rat, une grenouille, un oiseau, cinq flèches] ; vient ensuite la discordance des interprétations ; rien ne montre mieux *l'impossibilité d'atteindre le sémantique en langue sans passer par le sémiotique plus la grammaire*.

L'écriture a donc pour base nécessaire *la trace du signe individuel minimal dans l'ordre sémiotique*, et celui-ci à son tour, pour dissiper les confusions de l'homophonie, doit manifester dans la graphie sa *constitution distinctive en éléments discriminants* (*sein, saint*, etc.).

Si nous raisonnons par induction pour essayer de retrouver le modèle premier du rapport entre langue et écriture, nous voyons que l'évolution générale des systèmes graphiques connus va vers la subordination de l'écriture à la langue. On dirait que l'écriture a été et qu'elle est en principe un moyen parallèle à la parole de raconter les choses ou de les dire à distance et que progressivement l'écriture s'est littéralisée en se conformant à une image de plus en plus formelle de la langue.

La parole se réalise formellement en mots discrets, on assemble l'une après l'autre les parties d'un tout, alors que l'« écriture » est d'abord conçue comme globalité, elle énonce synthétiquement tout un train d'idées, elle raconte une histoire entière. En ce sens l'« écriture » ressemblera beaucoup plus au « langage intérieur » qu'à la chaîne du discours.

1. La langue sémiotise tout

La langue peut – et peut seule – donner à un objet ou un procès quelconque le pouvoir de *représenter*. Pour qu'un objet soit « sacré », pour qu'un acte devienne un « rite », il faut que la langue énonce un « mythe », donne la raison de leur qualité, rende « signifiants » les gestes ou les mots. Tout comportement social, tout rapport humain, toute relation économique suppose des « valeurs » énoncées et ordonnées par la langue. Les fonctions interhumaines les plus élémentaires, celles qui maintiennent l'existence des individus, les fonctions de production et celles de génération, sont des fonctions signifiantes au premier chef, elles s'appuient sur des relations de parenté qui consistent dans leur dénomination.

2. La langue se sémiotise elle-même

La langue opère sur elle-même une réduction.

De sa fonction instrumentale se dégage sa fonction représentative dont l'instrument est l'écriture. Or l'écriture change de fonction : d'instrument à iconiser le réel, c'est-à-dire le *référent*, à partir du discours, elle devient peu à peu le moyen de représenter le discours lui-même, puis les éléments du discours, puis les éléments de ces éléments (sons/lettres).

Dès lors, on pouvait traiter de la langue, ainsi que le fera Aristote (*De interpretatione*), comme d'un organisme signifiant, au lieu de le considérer simplement comme un moyen, un instrument.

> D'un point de vue historique, une première phase est celle où l'écriture a servi à fixer un message oral conçu dans la langue ; une seconde phase est celle de l'invention de l'écriture en tant qu'elle procède du désir de fixer par écrit un livre, c'est-à-dire une composition écrite, et non plus un message parlé. En Europe, on retiendra trois systèmes d'écriture : arménienne, gotique et slave. Forgées d'une manière indépendante, les trois écritures ont en commun un même dessein, celui de traduire la Bible. On est passé, d'une manière certaine, du grec au slave, d'une manière très probable du grec à l'arménien et au gotique, avec une intervention au moins partielle du latin. Ce sont là les premiers écrits que nous trouvons.
> La création d'un système graphique pour des langues qui n'en possédaient pas a ceci de particulier qu'elles sont nées indépendamment, mais avec le même dessein : traduire un texte. Il fallait faire passer tout un monde de notions nouvelles à partir d'un texte lu, écrit (et non pas seulement d'un texte parlé). Le procès de traduction est double : convertir une langue en une autre et convertir en même temps un système graphique en un autre. C'est tout à fait autre chose que la transmission d'un édit royal, d'un contrat, d'une lettre.

La langue se sémiotise elle-même au moyen de l'écriture.

L'écriture est l'instrument de cette auto-sémiotisation qui seule a permis de parler de la langue, de la détacher de sa utilisation pragmatique et finalement de la considérer comme « forme ».

La définition ci-dessus établit le rapport qui selon nous est à poser entre la langue et l'écriture. Non pas de tout celle d'une image, d'une « photographie » selon la conception banale — cautionnée malheureusement par Saussure — , mais celle d'un repérage des (grandes) unités signi- fiantes (du discours) (au moyen ou à l'aide d'une figuration (Jabud) iconique. C'est d'abord une tentative

Illustr. 21. Note d'Émile Benveniste (PAP. OR., boîte 40, env. 80, f° 136)

10 MARS 1969

Leçon 13

Notre analyse nous amène à reconnaître la liaison étroite qui existe entre le type d'écriture et le type de langue, entre la manière de dissocier les éléments de la parole et la manière d'écrire ces éléments.

Aujourd'hui nous nous servons des instruments de la science linguistique mais avant qu'une science de la langue fût constituée, comment se représentait-on les choses ?

> Comment ceux qui ne disposaient pas des instruments de l'analyse linguistique ont-ils posé la relation entre graphie et phonie ? Il y a des témoignages que nous sommes amenés à relire et à réinterpréter.

Nous avons un exemple de cette réflexion sur les rapports de la langue et de l'écriture chez Platon, non pas dans le trop célèbre *Cratyle*, mais dans le *Philèbe*. Pour redonner aux observations de Platon leur pleine portée, il faut les prendre au sein du développement où elles sont amenées et à partir du propos initial, qui est la définition du plaisir.

Illustr. 22. Note d'Émile Benveniste (PAP. OR., boîte 40, env. 80, f° 150)

Platon commence par une discussion sur la nature du plaisir et la diversité infinie des sensations qui le permettent. En son principe, le plaisir est un et pourtant tout le monde l'éprouve. Notions de l'un et de l'infini. Il faut savoir quelle sorte d'unité est nécessaire, telle qu'on puisse l'installer au sein de la diversité infinie pour la retrouver toujours. Comment retrouver l'unité ? La méthode est divine. Les Anciens qui vivaient plus près des dieux ont transmis cette tradition (*phēmē*) que tout ce qui existe est composé d'un et de multiple (*eis* et *polla*) ; le discours comporte la limite et l'illimitation (*peras* et *apeiria*). Les deux aspects, unité et diversité, sont conditionnés par le fait qu'il existe à la fois une limite et une non-limite. Il faut donc, étant donné cette organisation des choses, poser en quelque ensemble que ce soit et chercher dans tous les cas cette forme unique toujours présente, puis voir s'il y en a deux éventuellement et seulement deux ou trois ou plus. On commence à compter (*arithmos*). Ce n'est pas une unité métaphysique. Après un, deux, trois et au-delà. L'unité se délimite dans la totalité. Et dans les « un » (*ta en*), chacun doit être soumis à la même dissociation jusqu'à ce que dans cet « un » primitif on voie qu'il contient éventuellement beaucoup d'éléments et combien. La démarche consiste à prendre les unités dans un ordre hiérarchique. À chaque niveau de l'analyse on doit dénombrer les unités. Il faut ramener à du nombrable la diversité des éléments.

Socrate prend comme exemple les lettres (*ta grammata*). Le son (*phōnē*) que nous émettons est un, mais, en même temps, illimité, chez tous et chez chacun. Savoir le nombre et la nature de ces éléments, voilà ce qui fait de nous des « grammairiens », des « connaissants ». Il y a une liaison entre le son et la lettre et l'étude du son (de la *phōnē*) commande celle des lettres (*ta grammata*). Socrate passe ensuite à la musique. Après le *grammatikos*, le *mousikos*. Dans cet art aussi, le son est un. Trois distinctions sont à poser : le grave, l'aigu et l'entre-deux (le moyen). La condition pour se dire *mousikos*, c'est d'être capable d'analyser et de reconnaître :

    1. les écarts, les intervalles (*diastemata*) ;
    2. les combinaisons (*sustemata*).

Après le *diastème* (chercher combien il y a d'intervalles et quelles sont les frontières de ces intervalles), vient le *système* (la combinatoire des sons).

Socrate reprend alors l'exemple des lettres. Le dieu égyptien *Theuth* (en grec, *Thoth*) a été le premier à reconnaître que, dans cet infini, les voyelles ne sont pas « une », mais nombreuses. Il y en a d'autres qui n'ont pas de « voix » (*phōnē*), mais un « son » différent de la voix (*phtoggos*), dénombrables aussi. Un troisième ordre d'articulation est constitué par une série d'« aphones » (*aphōnos*). Ces muettes, le dieu les a divisées comme les deux autres jusqu'à ce qu'il ait trouvé leur nombre. Il donna à chaque voyelle le nom d'« élément » (*stoicheion*).

Considérés dans leur ensemble, ces éléments premiers forment une unité. C'est à la « science grammaticale » (*grammatikē technē*) d'en traiter.

L'analyse du langage est donc donnée comme divine (et non seulement l'origine du langage). L'homme instruit des lettres, le *grammatikos*, c'est l'homme instruit de la structure de la langue, c'est-à-dire celui qui connaît la structure de base de la langue, la structure des éléments distinctifs, située au-dessous du niveau de la signification.

Quelle est la méthode ?

    1. Il faut procéder de la multiplicité et reconnaître les termes constants.
    2. L'analyse dissocie et identifie des unités de plusieurs échelons. On doit toujours arriver à des nombres (à une

limite). Ce nombre s'oppose à l'absence de limite (*apeiria*) qui est l'état de « nature ».

Cette notion de *limite* est capitale : elle constitue l'analyse de la langue au point de vue formel et elle conditionne la démarche des premières inventions d'écriture proprement dite.

3. L'analyse de la langue est mise sur le même plan que l'analyse des sons musicaux. La musique était plus importante, beaucoup plus générale que la « grammatique » venue longtemps après.
4. La relation de l'un et du multiple est celle qui se trouve à la fois dans la connaissance (*epistēmē*) et dans l'expérience des sensations. Cette distinction doit donc être introduite dans toute réflexion philosophique embrassant les choses et les réactions de l'homme aux choses.

17 MARS 1969

Leçon 14

Nous avons jusqu'ici étudié l'écriture en tant que *phénomène* et dans la perspective de la langue pour analyser son fonctionnement. Je voudrais aujourd'hui envisager l'écriture en tant qu'*opération* et dans ses *dénominations*. L'opération n'existe qu'en tant qu'elle est dénommée. Il y a donc ici un procès linguistique : comment une langue dénomme l'acte qui lui donne expression écrite. Ce que signifient les termes employés, et non pas ce qu'ils désignent, ce que nous savons déjà. C'est une analyse de terminologie qui est instructive si et dans la mesure où nous pouvons distinguer entre la désignation et la signification.

> Il y a un ordre imposé par l'expérience et la pédagogie : d'abord, lire, ensuite, écrire. Mais ce n'est pas l'ordre de l'invention.

C'est l'*écrire* qui a été l'acte fondateur. On peut dire que cet acte a transformé toute la figure des civilisations, qu'il a été l'instrument de la révolution la plus profonde que l'humanité ait connue depuis le feu.

> On constate d'emblée une ligne de partage entre deux mondes de langue et de civilisation : du nord au sud (Mésopotamie, Égypte) et de l'est à l'ouest. À l'est, dans la réalité des désignations linguistiques (et aussi dans d'autres manifestations), nous rencontrons des civilisations de l'écrit caractérisées par la primauté intellectuelle et sociale de la chose écrite. L'écriture a été

le principe organisateur de la société ; c'est la civilisation du scribe. À l'ouest, dans le monde indo-européen, c'est exactement le contraire. Le monde s'y est édifié sans écriture et même dans le mépris de l'écriture.

En Égypte, à Sumer, il y a des monuments, des statues, qui attestent l'importance du scribe. L'écriture est un don divin. Dans les mythologies indo-européennes, rien de tel. Cet acte n'est pas compté parmi les grandes acquisitions de l'humanité. Pas de divinité grecque de l'écriture.

En pleine floraison littéraire, au Ve siècle avant J.-C., Eschyle attribue à Prométhée, dans son *Prométhée enchaîné*, pour terminer l'inventaire de ses inventions, celle de l'écriture, « la combinaison des lettres » (*grammatōn sunthesis*). Nulle part ailleurs on ne retrouve pareille tradition. En revanche, l'important, c'est le feu, les nombres, les astres...

Dans le monde sumérien, nous avons un terme majeur : *dup*, qui signifie la « tablette », l'écrit ; *dup-sar*, le scribe.

En akkadien : *tuppu*, avec tout ce qui concerne l'écriture, le matériel, la position sociale du scribe, les bibliothèques, etc. Tout cela est un héritage sumérien.

En vieux perse et en vieux perse seulement (civilisation achéménide longtemps soumise à la civilisation akkadienne), le terme utilisé est *dipi-* « inscription ». Il a proliféré par composition et dérivation (« celui qui écrit », les « archives »...). Il s'est passé plusieurs siècles entre le vieux perse et le persan *dīvān* (collection des œuvres d'un poète). La filiation entre *dipi-* et *dīvān* est certaine. Goethe a pris ce terme pour dénommer un ensemble de poèmes où il mélangeait tradition orientale et occidentale. Il y a une histoire occidentale de « divan ». En turc, c'est la chambre officielle où étaient débattues les affaires importantes par le gouvernement. Le bureau était confortablement meublé de « divans », d'où le terme occidental.

Rien n'a subsisté du sens premier, alors que, plus à l'est, le sens s'est maintenu ; *dipi-* est entré dans le vocabulaire sanskrit (l'administration perse s'exerçait sur les provinces du nord-ouest de l'Inde). De là, *lipi-*, en sanskrit : « inscription », « écriture ».

À l'ouest, il n'y a pas de terme commun pour l'acte d'écrire. Chaque langue a inventé son terme. Le sens d'« écrire » *graphō* est inconnu chez Homère. Nous savons qu'il n'y a aucune écriture syllabique employée au milieu du deuxième millénaire dans une partie de la Grèce. L'écriture créto-mycénienne (linéaire A, linéaire B) a donc disparu de la conscience même des contemporains. Une nouvelle tradition se forme qui rapporte l'invention de l'écriture aux Phéniciens.

Illustr. 23. Note d'Émile Benveniste (PAP. OR., boîte 40, env. 80, f° 157)

Chez Homère, *graphō* ne signifie que « gratter », « érafler », « entailler la chair » (par exemple, *Il.*, XVII, 599). Postérieurement, « entailler la pierre pour inscrire une trace ». Il y a une vague allusion à l'existence de l'écriture dans un passage (*Il.*, VI, 169 et 178) où Homère retrace l'histoire du héros Bellérophon. Il est envoyé par le roi d'Argos chez les Lyciens, peuple d'Asie Mineure, avec une tablette « aux plis fermés » sur laquelle étaient gravés (*graphein*) des signes funestes (*sēmata lugra*), porteurs d'un message fatal (*sēma kakon*). Le roi des Lyciens avait, en effet, la charge de le mettre à mort.

On sait qu'une partie du monde hellénique connaissait l'écriture, mais les Achéens et les Troyens ne savaient ni lire ni écrire.

– En latin, de même : *scribō* signifie « érafler », « gratter ».

– En allemand récent, *schreiben*, mais en gotique, *meljan* (voir l'allemand, *mahlen*, « peindre ») : « noircir », « salir » ; grec, *melas*, « salir de couleur »). Il s'agit donc de traces peintes. Ce n'est plus de la gravure, mais de la peinture.

– En norrois, *rita*, en vieil anglais, *writan* ; sens : « tailler ».

– En slave, emprunt à l'iranien *pisati*, au sens d'« écrire ».

– En vieux perse, *dipi-* est le terme dénommant l'« inscription ». Et celui pour « écrire » est tout à fait indépendant. Il est composé d'un préverbe *ni-* et d'un radical *pis-*. *Ni-* indique un procès réalisé par « descente » : « inscrire » et *pis-*, le procès « peindre », « piquer » (voir la technique du tatouage). Le radical a été emprunté par le vieux slave et le verbe est apparenté étymologiquement au latin *pingō*, « dessiner », « peindre ».

De même, les éléments de l'écriture, les lettres, sont à interroger :

– En grec, *gramma* est dérivé de *graphō*, mais *litera* est d'origine encore inconnue.

– Le concurrent de *gramma* est *biblos* et pour tout document écrit, *biblion*. *Biblos* ou *bublos* est le nom de la matière, le papyrus, et *Bublos* est le nom d'une ville phénicienne, grand centre d'exportation de papyrus. Mais rien dans ces termes ne se rapporte à l'acte d'écrire.

– En germanique, la traduction de ces termes donne : pour le gotique : *boka* : la « lettre », *bokos*, pour le « livre ». En allemand, *Buch*, le nom du hêtre (*Buchenwald*, « hêtraie »), apparenté au latin *fāgus* et au grec *phagos*, le « hêtre » ou le « chêne », selon les régions. Là encore, c'est une tablette d'écorce qui est la signification première : le support matériel est devenu le nom de l'objet écrit.

Le gotique *boka* est de grande importance, car il nous introduit dans une situation lexicale complexe reflétant elle-même le conflit de plusieurs notions : le conflit de l'ancienne et de la nouvelle écriture (runique/romaine), l'apparition d'une civilisation de l'écrit (compte écrit ; engagements et divorces ; épîtres), la notion du Livre (saint) de la Bible ; enfin l'opposition de la *lettre* et de l'esprit chez saint Paul. Tout cela est rendu par *bokos*, la « tablette écrite » (et *bokareis*, le « scribe »).

> En vieil islandais, la lettre écrite, isolée, se dit *bok-stafr*, le « bâtonnet » le « signe », comme *Buchstabe* en allemand, la « lettre » ; *runa-stafr*, c'est le « trait de l'écriture runique », magique (*runa* veut dire « secret »). *Bok-stafr* se rapporte à l'écriture latine et à l'écriture du livre saint.
>
> Avec les notions nouvelles attachées à l'écrit – l'opposition de la lettre et de l'esprit – apparaît une civilisation « laïque », en quelque sorte.
>
> Dans le monde grec, les associations sont tout à fait différentes. Platon, dans *Phèdre* (275*c*-276*b*), dévalorise l'écriture au profit de la parole. Ce qu'il y a de terrible dans l'/écriture/ (la /*graphē*/), c'est qu'elle ressemble au dessin (*graphō* signifie à la fois « écrire » et « dessiner »). Tout ce qui résulte du dessin se tient devant nous comme des êtres vivants (*zōgraphia*). Mais si on les interroge, ces figures se taisent majestueusement. Il en est de même des paroles écrites (*logoi*). Elles ne peuvent se défendre au cours de leur passage de l'un à l'autre ; elles se contentent de signifier (*sēmainein*), mais elles sont sorties du monde des rapports vivants.
>
> On n'a pas vu tout de suite l'association étroite, consubstantielle, pour nous caractéristique, de l'écriture avec la langue.

24 MARS 1969

Leçon 15

Début de la dernière leçon.

Notre propos était d'étudier la langue, puis son rapport avec l'écriture, pour voir comment l'un et l'autre *signifiaient* (opéraient une signification à l'aide d'un système de distinctions représentatives et constantes).

Or nous voici devant cette constatation : la langue et l'écriture signifient exactement de la même manière.

> Le rapprochement entre /langue/ et /écriture/ permet d'établir une relation d'homologie entre /parler/ et /entendre/, d'un côté, et /écrire/ et /lire/, de l'autre. Autrement dit, /parler/ est à / entendre/ ce que /écrire/ est à /lire/.
> Notion de /lire/ : il y a deux manières d'entendre cette opération. En akkadien, *amāru*, c'est « voir », « observer », « s'assurer de quelque chose » et aussi « lire » (qui admet comme régime le nom de la tablette) ; *šesu*, c'est « appeler quelqu'un par son nom », « crier », « faire appel » et aussi « lire ».
> En chinois, deux termes également : *tou*, pour « lire avec les yeux » et *nien*, pour « lire en récitant ».
> En grec, pas de verbe pour dénommer l'acte spécifique de « lire ». Dans la langue homérique, le verbe *ana-gignōskō* ne signifie que « reconnaître » (reconnaître les signes graphiques comme signifiants à l'intérieur du système). Symétriquement, « écrire » et « lire » n'existent pas en tant que tels. Après Homère, désigne l'acte de lire à haute voix dans les assemblées judiciaires ou politiques. L'opération est symétrique à celle d'« entendre ».

Il en va tout autrement pour le latin *legere*. (Il n'y a pas de base commune à tous ces termes ; un réaménagement s'opère dans le lexique de toutes les langues.) Au sens propre, *legere* signifie « collecter des éléments épars » (« *ossa legere* », « recueillir des ossements »). Dans l'opération de la lecture, la collecte des signes écrits s'effectue grâce aux yeux.

En gotique, dans la traduction des Évangiles, *anagignōskō* ou *legere* sont rendus de deux manières différentes :

- soit en rapport avec le chant (*saggws boko*, le fait de « chanter l'Évangile ») ; *us-siggwan*, où *us-* signifie « extraire », et *siggwan*, « chanter », comme l'allemand *singen*. Il s'agit de « récitation » (*anagnōsis*), de « lecture publique avec l'articulation conventionnelle, dans un lieu consacré » ;

- soit en rapport avec les yeux qui parcourent une trace matérielle : *anakunnan*, transposition de *anagignōskō*, où *kunnan* est à rapprocher de l'allemand *kennen*, « connaître ». Dans l'Épître de saint Paul aux Corinthiens, II Corinthiens I, 13, *anakunnan* traduit *anagignōskō* : « il n'y a rien dans notre lettre que ce que vous y lisez (*anaginōskete*) et comprenez ».

En allemand, *lesen* ne renvoie nullement à un mot quelconque du gotique. Le gotique *lisan* signifie « réunir » et seulement cela. Mais il y a un transfert de sens à partir de l'imitation du latin qui produit secondairement *lisan* : « lire ».

En anglais, *to read* est isolé. La spécialisation au sens de « lire » est récente. Au Moyen Âge, le terme correspondant, *raedan* a une grande richesse sémantique : « conseiller », « décider », « interpréter », « expliquer » et avec des noms se rapportant à l'écrit, « lire ». La lecture est considérée comme « explication », « éclaircissement ». Apparenté à l'allemand *Rat*, « conseil », « conseiller ».

En norrois, deux emplois signifiant « lire », mais ils ne sont pas appliqués à la même écriture :

a) *raða*, pour l'écriture runique ; la lecture n'est accessible qu'à ceux capables d'expliciter le « sort » réservé à autrui ;

b) *lesa*, pour la nouvelle écriture latine, dans l'acception « collecter des signes », désormais à la portée de tous.

En slave, *čitati*, « lire » ; étymologiquement : « être intensément attentif ». « Lire » en tant qu'opération intellectuelle : « calculer », « compter ».

En vieux perse, *pati-pṛs*, étymologiquement, « interroger ». Questionner le texte écrit (le texte est muet, lit-on dans le *Philèbe*). Dans les langues sémitiques, *qr'* signifie « proclamer » (lecture à haute voix) et, en opposition, *ktb*, « écrire » (« piquer », « tatouer »).

On voit donc très tôt coexister une autre manière de lire, soit par l'énonciation publique (le lecteur-crieur), soit par le langage intérieur (on réunit et on interprète les signes écrits). En somme, soit lecture publique (le locuteur s'exprime par personne interposée, qui retrouve la *phōnē*, la voix qui parle), soit langage intérieur qui ne se transmet pas en éléments sonores.

Illustr. 24. Manuscrit d'Émile Benveniste (PAP. OR., boîte 40, env. 80, f° 208)

Leçon 15

État dernier de mes vues, corrigeant partiellement celles qui précèdent.

La langue et l'écriture

> À l'encontre de : « La langue est indépendante de l'écriture », *Cours de linguistique générale*, p. 45,

tous les problèmes des rapports entre la langue et l'écriture sont renouvelés si l'on pose ce principe fondamental : *l'écriture est une forme secondaire de la parole*. C'est la parole transférée de l'ouïe à la vue : la parole, seulement auditive, devient l'écriture, seulement visuelle.

Tout s'explique par ce principe que l'écriture est encore la parole, sous une forme secondaire :

> 1) on peut établir une corrélation entre type de langue et type d'écriture :
> – langue à signes fixes et écriture à signes fixes (chinois), ni le signe ni le caractère ne sont décomposables. En cas d'ambiguïté phonique, la graphie intervient pour la suppléer,
> – langue à signes variables et écriture à signes (formellement) variables : en effet, c'est seulement l'écriture alphabétique qui peut restituer la configuration exacte de la phonie des signes et par suite produire visuellement les variations du signe (variations morphologiques : de *marche* à *marchons, marcha, marchez*, etc., avec identité du segment /march-/ et variation de ce qui suit) ;
> 2) l'écriture se manifeste comme une forme secondaire de la parole en ce qu'elle comporte les deux propriétés, sémiotique et sémantique, caractéristiques du discours, et du discours seul, ou de l'expression linguistique seule, en face des autres systèmes sémiologiques.

Il est clair que l'écriture ne pourrait court-circuiter la parole (à savoir exprimer par des moyens entièrement distincts, non homologues à la parole) ; elle doit « suivre » la parole, et cela bien évidemment, puisqu'elle n'est pas autre chose qu'une forme de la parole.

> La langue sert d'interprétant à mettre en rapport avec les systèmes apparentés. Quelle est la relation entre la langue et l'écriture, posées l'une et l'autre comme systèmes signifiants ?

> Tout revient à prendre parti sur un texte de Saussure : « Langue et écriture sont deux systèmes de signes distincts ; l'unique raison d'être du second est de représenter le premier » (*Cours de linguistique générale, loc. cit.*).
> Quel sens donner à ces deux définitions s'appuyant l'une sur la notion de « signe », l'autre sur celle de « représentation » ? Il faut prendre garde à la puissance des termes qu'on manipule.
> 1) Dans la notion de « signe linguistique » réside nécessairement celle de « système linguistique ». Peut-on alors parler d'un « signe d'écriture » au sens où l'on parle d'un « signe linguistique » (signifiant + signifié) ?
> Comment analyser un graphe ? On peut saisir un « signifiant », par exemple, des traces (un trait vertical suivi d'un cercle et leur combinaison). Mais le « signifié » ? Le graphe renvoie à un phone. Soit un rapport graphe + phone. C'est tout. Nous n'avons pas affaire à un système de signifiants, mais, simplement, à une correspondance grapho-phonique. « Signe » est pris dans son acception commune et non technique, donc sans intérêt.
> 2) Dans quel sens doit-on prendre « représentation » ? L'écriture « représente » une forme secondaire de la parole, qui est première. C'est de la parole transférée. Elle permet à la langue de se sémiotiser elle-même.

On n'aurait pas pu réfléchir sur l'analyse du langage parlé si l'on n'avait pas disposé de ce « langage visible » qu'est l'écriture. Seule cette réalisation d'une forme secondaire du discours a permis de prendre conscience du discours dans ses éléments formels et d'en analyser tous les aspects. L'écriture est donc un relais de la parole, c'est de *la parole même fixée dans un système secondaire de signes*. Mais tout secondaire qu'il est, ce système reste celui de la parole même, toujours apte à redevenir parole.

L'écriture est de la parole convertie par la main en signes parlants. La main et la parole se tiennent dans l'invention de l'écriture. La main prolonge la parole.

Le système primaire voix (la bouche) – oreille est *relayé* par le système secondaire main (l'inscription) – œil. La main joue le rôle d'émetteur en traçant les lettres, et l'œil devient récepteur en collectant les traces écrites.

Entre la bouche et l'oreille, le lien est la *phonie* émise-entendue ; entre la main (l'inscription) et l'œil, le lien est la *graphie* tracée-lue.

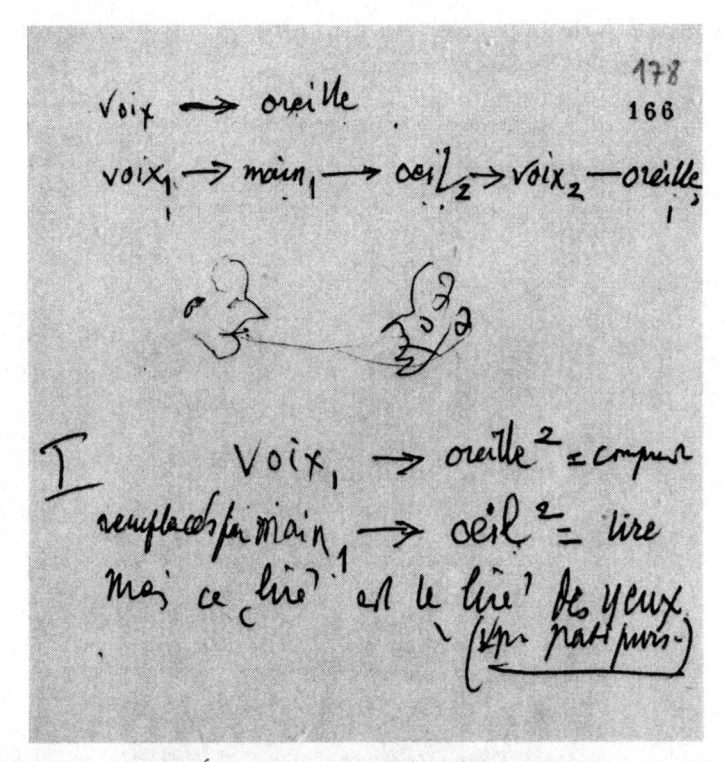

Illustr. 25. Schéma d'Émile Benveniste (PAP. OR., boîte 40, env. 80, f° 166)

« Lire » et « écrire » : mais d'abord entre la « pictographie » et l'« écriture », où passe la frontière ?

Nous pouvons la tracer avec sûreté : la pictographie peut être comprise, elle ne peut être *lue*, tandis qu'une écriture n'est telle que si on peut la *lire*. Tout est là : lire est le critère de l'écriture. « Lire » et « écrire », c'est le même processus chez l'homme ; l'un ne va jamais sans l'autre, ce sont deux opérations complémentaires si étroitement et nécessairement associées que l'une est comme l'envers de l'autre.

Cherchons plus précisément leur rapport à la parole. Il nous apparaît, si nous les considérons ensemble comme liés à la parole, que le rapport de la lecture à l'écriture est symétrique de celui de la parole entendue à la parole énoncée. « Lire », c'est « entendre » ; « écrire », c'est « énoncer ».

En somme, quelle est la relation entre le système primaire (parole) et le système secondaire (écriture) ? Dès lors qu'on met l'écriture dans le prolongement de la parole et toujours comme une forme de parole, il apparaît que l'écriture est non un signe, mais un *relais* de la parole : un dispositif qui reprend et retransmet l'ensemble des signes reçus.

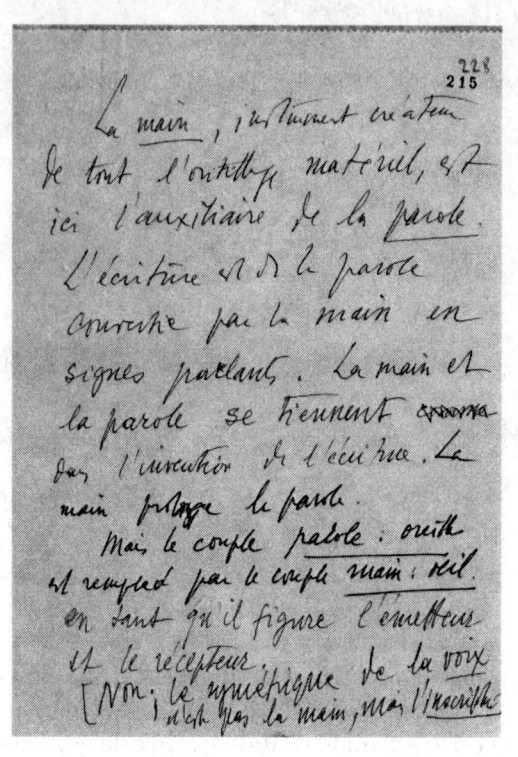

Illustr. 26. Note d'Émile Benveniste (PAP. OR., boîte 40, env. 80, f° 215)

La langue est le seul système sémiologique qui signifie de deux manières différentes :
> 1) en tant qu'ensemble de signes. Toutes les unités sont alors autant de signes. Elles sont susceptibles d'être reconnues par tous ceux qui ont la langue en commun. Ces unités sont transposées en tant qu'elles se prêtent à une reconnaissance par l'écriture. Cette opération de reconnaissance des unités s'effectue hors de tout emploi. Ainsi *vin, vingt, vint, vain, vainc...* sont les graphies d'une même phonie.

L'écriture distingue les *signes* de la langue que le parler confond en montrant quels sont leurs discriminateurs.

> 2) En tant qu'assemblage de signes porteur de signification. Il y a des nécessités complexes qui, satisfaites, rendent possible la construction d'énoncés signifiants au moyen de

signes. « Comprendre » est le terme caractéristique de cette seconde opération. « Reconnaître » et « comprendre » s'adressent à des centres physiologiques tout à fait différents.

Ces conclusions peuvent prêter à discussion, à de nouveaux examens. Nous sommes ramenés à la langue, ce qui modifie la nature même de la sémiologie. Nous sommes au début d'une réinterprétation de nombreux concepts (tous ceux qui touchent à la langue). La notion même de « langue » doit être plus large ; elle doit comprendre plus de notions qu'on ne lui en a attribuées.

CHAPITRE 3

*Dernière leçon,
dernières notes*

1ᵉʳ DÉCEMBRE 1969

Première leçon

Nous continuons cette année l'étude commencée l'an dernier sur les problèmes du sens dans la langue, et, en particulier, parmi les systèmes sémiologiques, l'étude du système de l'écriture, qui nous a retenus longtemps.

Il devient d'autant plus nécessaire de poursuivre cette étude du sens qu'elle se place aujourd'hui dans des circonstances objectives plus favorables que par le passé.

On sait que longtemps certaines écoles linguistiques ont refusé toute validité ou même tout intérêt aux problèmes du sens. Les notions behavioristes prévalaient partout et le « sens » s'identifiait à la circonstance et à la réaction. On peut se référer aux énonciations de Bloomfield telles qu'elles ont été transcrites dans le *Glossaire* de Hamp. Il n'était pas question d'éliminer le sens, mais on reconnaissait n'avoir aucun moyen de l'étudier, ce qui en pratique revenait au même. Ensuite est venue la conception du sens comme distribution. Cette époque est révolue et le problème du sens est attaqué maintenant de plusieurs côtés. Nous aurons à nous référer à des études récentes.

> Il y a eu longtemps un parti pris d'écarter tout ce qui se rapporte à la signification de la langue, de plusieurs façons, par omission ou par réduction :
> – par omission : la signification relèverait d'autres sciences que la linguistique, cette conviction est enseignée comme vérité scientifique (écoles américaines en particulier, mais

pas seulement). Nous ne pouvons pas analyser le sens tant que nous n'avons pas trouvé un système d'analyse linguistique par lequel nous pourrions extraire toutes les relations qui en relèvent. Dans le processus d'analyse linguistique nous exerçons un processus de décomposition en sous-ensembles de plus en plus restreints vers les plus petits éléments. Ces procédures sont rigoureuses. Il faudrait parallèlement inventer un système d'analyse du *meaning*, en procès de décomposition vers les éléments les plus petits du sens. Cette conception est encore récente ; on est donc tenté par un aveu d'impuissance et par le désir d'écarter le problème ;

– par réduction : réduire le problème du sens à des dimensions particulières de façon à pouvoir l'intégrer dans un système d'interprétation ayant une validité reconnue. C'est le cas de Bloomfield : il n'ignore pas du tout le sens comme on l'a dit, mais pour lui le seul moyen de le saisir, c'est de l'intégrer à une analyse du comportement (behaviourisme). Le *meaning* se réduit alors à la réaction formelle à des stimuli : « *Stimulus-reaction features [corresponding to* forms*] are* meanings. » Ainsi pour Bloomfield le *meaning* d'une forme serait le trait commun à toutes les situations dans lesquelles cette forme est employée (or, la situation est à interpréter par chacun) : « *Any utterance can be fully described in terms of lexical and grammatical forms ; we must remember only that the meaning cannot be defined in terms of our science* » (*Glossaire* de Hamp).

Par réduction aucun progrès n'a pu être réalisé. La notion psychologiste même, à la base du behaviourisme, importante historiquement, est aujourd'hui abandonnée.

Meaning, le problème sera :

– Comment les différents éléments de la langue signifient-ils ?
– Le « sens » d'un mot est-il le « sens » d'une proposition ?
– Le « sens » d'une proposition est-il le « sens » d'un morceau, d'un chapitre ?
Il y a de toute évidence des distinctions à établir.
Le « sens » d'une catégorie grammaticale ? Le « sens » d'un cas ; d'un mode verbal ?

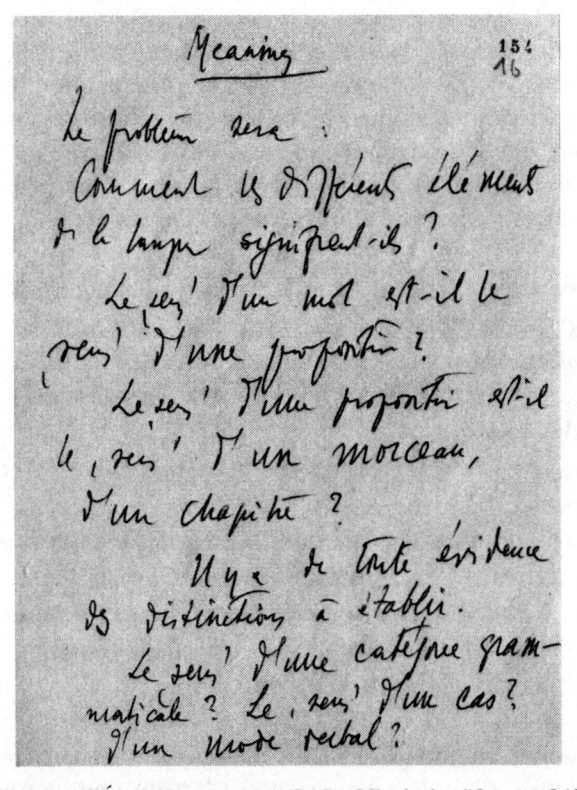

Illustr. 27. Note d'Émile Benveniste (PAP. OR., boîte 58, env. 249, f° 154)

Comment saisir et où étudier la signification ? Faisant partie intégrante de la langue, elle se distribue sur chacune des unités de la langue et s'incorpore à chacune d'elles de sorte qu'elles deviennent des unités signifiantes, des *signes*. Voilà une première constatation.

Une autre raison de poursuivre cette étude sur le sens est qu'elle nous a conduit à formuler au moins de nouveaux problèmes.

Nous sommes parti de cette constatation que la langue entière est informée et articulée par la signification. Elle ne pourrait fonctionner autrement et c'est d'ailleurs sa raison d'être ; sans quoi il n'y aurait, à un bout, pas de pensée, à l'autre bout, pas de société, *donc pas d'être*, et personne pour le constater. C'est une vue proprement insoutenable par l'éclat du néant, je veux dire que nous ne pouvons faire face à une pareille imagination : une humanité qui ignorerait le langage et qui, néanmoins, serait posée dans l'existence.

> Toute la langue, à tous les niveaux, est informée, articulée par la signification. On peut étudier le lexique d'une langue sans se préoccuper particulièrement de la phonétique. Inversement, analyser les sons sans s'occuper des formes grammaticales. Croire que le sens est une de ces spécialisations, c'est se tromper sur le principe de l'analyse linguistique. On ne peut étudier le sens hors de la langue, ni la langue hors du sens.

En réalité, sans la signification, la *langue* n'est plus rien, pas même une série de bruits, car pourquoi l'homme se servirait-il de son gosier sinon pour former des sons qui aient un sens ?

En second lieu, ces signes sont coordonnés les uns aux autres, forment des *systèmes*.

La langue est donc un *système de signes*. C'est la conception saussurienne.

Saussure a encore vu ceci que, la langue devenant un des systèmes de signes, il y a plusieurs systèmes de signes et qu'il faut en confier l'étude à une science nouvelle, la *sémiologie*. On lira dans le *Lexique* d'Engler les articles *sémiologie* et *signe*.

Il faut partir de là pour aller plus loin.

> La langue en tant que système de signes entre dans un ensemble plus vaste de systèmes de signes. C'est un nouveau moment de l'analyse, celui de l'intégration de la langue rendue possible par la façon de poser dans la langue la notion de signe. Dans l'histoire de la pensée moderne, c'est une démarche fondamentale.

Mais il est impossible de passer du « signe » à la « phrase », impossible de faire coïncider cette distinction avec la distinction saussurienne de « langue » et « parole », parce que le signe est discontinu et la phrase, continue. L'énonciation n'est pas une accumulation de signes : la phrase est d'un autre ordre de sens. On ne peut rien construire avec des unités. On ne peut pas les enchaîner dans ces continus que sont les phrases.

Le but sera de déterminer le niveau et le type d'analyse à appliquer respectivement à la phrase et aux éléments grammaticaux. La notion de *signe* est solidaire de la considération *sémiotique*. Il implique en réalité – Saussure le dit lui-même – le même niveau que les gestes de politesse, etc. Il faut tirer les conséquences, graves, de cette vue. C'est dire, au fond, que le signe *linguistique* est mis sur le même plan que les signes *non signifiants* des autres systèmes. Et en effet, de là procède l'idée saussurienne de l'entité relative-oppositive. De là aussi mon idée qu'il suffit que le signe soit reconnu comme appartenant à la langue, exactement comme il faut et il suffit que le geste soit reconnu.

La notion de système de signes est une entité de caractère scientifique. Ainsi se pose le problème de la relation sémiotique entre les systèmes sémiotiques. Comment organiser les relations ?
1) Relation d'engendrement : elle vaut entre des systèmes distincts, mais contemporains. Le trait est important ; cela signifie qu'il y a un système générateur et un système généré (l'alphabet ordinaire engendre l'alphabet spécifique du Braille).
2) Relation d'homologie : entre deux systèmes complètement différents, il y a des corrélations terme à terme. Baudelaire a eu l'intuition de cette relation d'homologie dans son poème *Correspondances*. De même Panofsky cherche à établir une relation d'homologie entre les formes architecturales du gothique et des catégories de la pensée scolastique. Autre homologie, les équivalences entre l'écriture et les gestes rituels en Chine.
3) Relation d'« interprétance » (il faut forger des concepts pour avancer) : elle s'établit entre système interprétant et système interprété. Du point de vue de la langue, cette relation entre systèmes est fondamentale par rapport aux deux autres. La langue est posée en tant qu'elle permet d'articuler une interprétation. La situation de la langue est particulière. Aucun autre système ne dispose d'une « langue » dans laquelle il puisse formuler ses propres interprétations, tandis que la langue peut en principe tout interpréter, y compris elle-même.

On peut distinguer ici deux notions, là où, jusqu'à maintenant, il n'y en avait qu'une lorsqu'on parlait de sémiotique :
1) celle de structure formelle sémiotique donnée par les notions de « signe » et de « système de signes » ;
2) celle de fonctionnement sémiotique, absente de la conception saussurienne de la langue. Si la langue peut être un interprétant général, c'est qu'elle n'est pas seulement un système où l'on manipule des signes. C'est le seul système dans lequel on puisse former des phrases.

Sont du *sémiotique* tous les systèmes consistant en oppositions dans un ensemble clos : les classifications, taxinomies, signaux, etc.

En rangeant la langue dans les systèmes, en l'articulant par le signe, Saussure l'a – paradoxalement – rangée parmi les systèmes non signifiants, ceux dont les éléments ne signifient rien par eux-mêmes (sons, couleurs, signaux) et n'existent que dans des oppositions, entités oppositives, ce qui est le cas des phonèmes, essentiellement non signifiants.

À ce système s'oppose dans la langue un autre système (est-ce vraiment un système ?) celui du vouloir-dire qui est lié à la *production* et à l'énonciation des phrases, le *sémantique*.

On aperçoit donc une distinction entre deux mondes et deux linguistiques :
– le monde des formes d'opposition et de distinction, le sémiotique, qui s'applique à des inventaires clos, et s'appuie sur des critères de distinctivité, plus ou moins élaborés. De ce monde relève aussi la distinction qui apparaît en plusieurs langues amérindiennes entre deux séries consonantiques pour les catégories du diminutif et de l'augmentatif (karok, wiyot, wishram), alternances consonantiques morphonologiques. De même pour l'intensif du tarahumara. La distinction est dans les choses mêmes ;
– l'autre monde est celui du *sens produit* par l'énonciation : le sémantique.

La doctrine saussurienne ne couvre, sous les espèces de la langue, que la partie sémiotisable de la langue, son inventaire matériel. Elle ne s'applique pas à la langue comme production.

Mais alors que faire des catégories formelles qui sont des nécessités de l'expression, qui sont les truchements ou instruments nécessaires de la langue comme énonciation et production ? Que faire des cas ? des temps ? des modes ? Ce sont bien des catégories distinctives et oppositives, et cependant la langue se moule nécessairement dans ces distinctions pour réaliser ses énonciations.

Faut-il leur réserver un statut spécial ? Tout l'appareil flexionnel est ici en question. Il faudra y donner la plus grande attention.

Illustr. 28. Notes d'Émile Benveniste
(PAP. OR., boîte 58, env. 249, f⁰ˢ 149)

146   *Dernières leçons*

Disons tout de suite qu'un énoncé n'a de sens que dans une situation donnée, à laquelle il se réfère. Il ne prend sens que par rapport à la situation, mais en même temps il configure cette situation. Il faut donc distinguer les éléments de l'énoncé.

En réalité, le problème du sens est le problème de la langue même, et comme la langue m'apparaît comme un paysage mouvant (elle est le lieu de *transformations*) et qu'elle se compose d'éléments différents (verbes, noms, etc.), le sens se ramène à rechercher la manière de signifier propre à chacun des éléments en question.

L'étude d'ensemble serait la sémiologie.

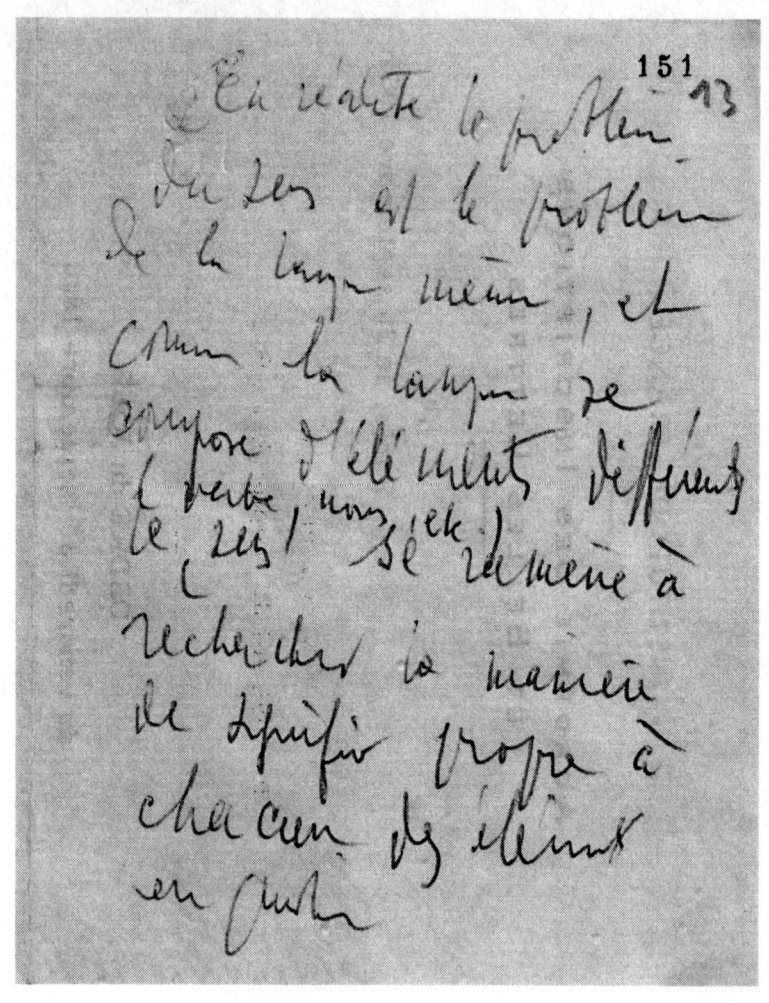

Illustr. 29. Note d'Émile Benveniste (PAP. OR., boîte 58, env. 249, f° 151)

Annexes

ANNEXE 1

Bio-bibliographie d'Émile Benveniste de Georges Redard

Georges Redard, professeur à l'université de Berne, puis recteur de l'université de Genève, spécialiste des langues d'Iran et d'Afghanistan, a été ami d'Émile Benveniste ; il est devenu son légataire universel à la mort de Carmelia, en 1979. Redard avait l'intention de publier une bio-bibliographie du maître, dont le texte original, ainsi que les documents manuscrits et imprimés ayant servi à sa préparation, se trouvent dans les archives du Collège de France (cote CDF 28/15). L'auteur y mentionne sur la première page « Texte de 1977, non revu, inutilisable sous cette forme[1] ».

Georges Redard est décédé le 24 janvier 2005. Madame Redard, par sa lettre du 25 mars 2009, nous autorise à publier ce document et nous lui en sommes reconnaissants.

Nous proposons un long fragment de ce texte qui se présente sous la forme d'un document de travail dactylographié et corrigé à la main, par Redard lui-même – nous le supposons.

Nous avertissons que si nous ne changeons rien au contenu de ce texte, nous avons pris quelque liberté quant à sa présentation – sa lisibilité l'exigeait – notamment au niveau de la ponctuation, des alinéas et des notes de bas de page, beaucoup trop

---

1. Cette bio-bibliographie de G. Redard est mentionnée par Françoise Bader dans son article « Une anamnèse littéraire d'É. Benveniste », *Incontri Linguistici*, nº 22, Pise-Rome, 1999, p. 53 (« [...] j'ai pu rencontrer Georges Redard, auteur d'une biographie d'É. Benveniste encore non publiée »).

nombreuses, beaucoup trop longues et relevant d'une spécialité trop étroite relativement au projet du présent volume.

Le texte de Redard porte pour seul titre « Émile Benveniste (1902-1976) ». Était-ce le titre de l'ensemble de ce qu'il voulait livrer ou bien le titre d'une première partie ? Nous n'avons aucun moyen de le savoir. De même nous ne pouvons savoir sur quelles années l'écriture de ce document s'est étendue.

J.-C. C. et I. F.

Émile Benveniste (1902-1976)

Georges REDARD

« M. Benveniste, souffrant, n'a pu donner de conférences en 1969-1970. » Cette apostille, en bas de page de l'annuaire 1970-1971 de l'École des hautes études[1], cache l'épilogue d'un drame qui a commencé le 9 décembre 1956.

Ce matin-là, à sa table de travail, Émile Benveniste est pris d'une crise cardiaque très violente. Au centre médico-chirugical Foch, à Suresnes, où il a été transporté, l'infarctus est jugé grave. Il s'en tirera, grâce à sa robuste constitution, mais au prix d'un repos forcé. Pour lui le sacrifice le plus dur : « La soudaineté de l'accident a interrompu toutes mes activités [...]. Le plus pénible est l'interdiction de travailler. Je paie cher un long surmenage » (13 déc. 1956)[2]. Lentement, il se rétablit : « Je ne puis travailler que deux ou trois heures par jour, mais c'est assez pour faire renaître l'espoir » (1er mai 1957) ; « Je travaille un peu, mais vraiment peu. Je jugerai sur ce premier voyage[3] de ce que je puis ou

---

1. Quatrième section, Paris, 1971, p. 651. De fait, Émile Benveniste avait commencé ses conférences en novembre. L'un de ses derniers auditeurs, Fr. Hohenauer, me dit qu'il s'était alors assis : fait exceptionnel et révélateur de sa grande fatigue.

2. Les citations suivies d'une date sont extraites des lettres reçues, pendant un quart de siècle, d'Émile Benveniste. Au surmenage se sont probablement ajoutées les séquelles d'une maladie contractée en 1947 en Afghanistan : « J'ai souffert d'une attaque de paludisme, d'autant plus violente, semble-t-il, qu'elle avait plus longtemps tardé et qui m'a laissé très anémié » (23 nov. 1948).

3. Il va se rendre, par train et bateau (l'avion lui est interdit) au VIIIe congrès international des linguistes (Oslo, 5-9 août 1957).

ne puis faire. C'est toute une discipline de vie à changer » (25 juil. 1957) ; « Je ressuscite un peu » (2 déc. 1957), « ma faculté de travail se restaure lentement [...]. Il reste que mes cours me fatiguent encore beaucoup, et que les voyages demeurent exclus » (13 janv. 1959)[4].

« Contraint de réaménager sa vie[5] », il ne peut cependant résister à la poussée de son renom. On le sollicite de toute part – « la linguistique est l'universalité, mais le pauvre linguiste est écartelé dans l'univers » (17 oct. 1954) – et il est des tâches auxquelles il ne saurait se dérober[6]. La pression intérieure est plus vive encore : son œuvre est inachevée et la charge de ce qui reste à faire l'oppresse parfois jusqu'au désespoir. Recevant une photographie faite de lui, il constate : « Je ne puis tout à fait identifier cet homme un peu las à celui qui, tel que je me sens, voudrait avoir une nouvelle vie pour la remplir » (17 oct. 1954), et le jour de son soixantième anniversaire est « l'occasion d'une méditation solitaire sur le peu réalisé de tout ce que j'espérais faire » (27 mai 1962).

Sur le dénouement, il est sans illusions. Acharné au travail, il engage une course contre la montre qui s'achève de façon tragique.

Le samedi 6 décembre 1969, Émile Benveniste est allé rue de la Tour, à Passy, chez son médecin, le docteur Gaston Eliet, pour se faire vacciner contre la grippe. Sortant du restaurant où il a déjeuné ensuite, il s'écroule, foudroyé par une attaque. L'ambulance le conduit à l'hôpital Ambroise-Paré de Boulogne-sur-Seine où le premier diagnostic ne laisse guère d'espoir ; le côté droit est paralysé et l'hémiplégie alterne l'a, du même coup, privé de la parole. Son état comateux fait craindre le pire, mais il en émerge parfois et ces quelques lueurs raniment l'espérance. De ses premiers visiteurs, les uns jugent la cause perdue et ne reviendront plus guère, persuadés qu'Émile Benveniste est déjà absent de notre monde. Les autres, qui seront les quelques fidèles, reconnaissent au contraire son retour progressif à la conscience.

---

4. « Le voyageur immobile que je suis devenu », écrira-t-il encore le 17 janv. 1965.

5. « Il vient toujours un moment où on est contraint de réaménager sa vie. Je parle d'expérience » (6 juin 1967).

6. « Les écrits de circonstance absorbent tout mon temps » (4 avr. 1956) ; « j'ai dû recueillir la charge de diriger notre Institut d'études iraniennes, par suite du décès de Massignon » (19 janv. 1963).

Le 24 décembre, le Père Jean de Menasce, son ami et contemporain, qu'une seconde attaque, en juillet, a pareillement atteint, lui rend visite et sa conclusion est formelle : « il comprend tout et ne peut rien dire[7]. » Le professeur Bernard Halpern, son collègue au Collège de France et à l'Institut, doute d'abord qu'il « puisse récupérer une partie de son intellect », mais se déclare ensuite « convaincu qu'il a gardé sa lucidité » (25 sept. 1975). De son côté, le professeur François Lhermitte, qui l'a soigné à la Salpêtrière, est tout aussi catégorique : « Vous avez raison de parler d'une "présence" extraordinaire, car son intelligence et son affectivité sont intactes[8]. »

Les preuves abondent, et il n'est pas superflu d'en produire ici quelques-unes parmi les plus évidentes. À son chevet avec M. et Mme A. Minard en décembre 1973, nous lui montrons les épreuves de ses *Problèmes de linguistique générale II* : il regarde la première page et met aussitôt le doigt sur une coquille typographique[9]. Lorsque le volume va être distribué, il ajoute sur la liste du service de presse le nom de Julia Kristeva. À sa sœur, il montre un entrefilet du *Monde* consacré aux sujets de philosophie donnés au baccalauréat technique : le troisième prenait pour point de départ une phrase des *Problèmes de linguistique générale I*. Le 31 mars 1976 il manifeste, du même geste insistant, son intérêt pour l'article du *Monde* où Yvonne Rebeyrol relate la découverte, par la mission archéologique de l'université de Rome, de milliers de tablettes cunéiformes sur le site de Tell Mardikh, à une cinquantaine de kilomètres au sud d'Alep. Et en février 1976 encore, nous pourrons le consulter avec assurance[10] sur le titre et la disposition de trois de ses ouvrages qui doivent

---

7. Lettre à Mme F. Mossé (26 déc. 1969) où il conclut : « Très douloureuse malgré tout, cette rencontre doublement muette. »
8. Lettre du 4 février 1974. Cela n'empêche pas Jacques Cellard de parler, dans une chronique du *Monde* (n° 520, 21 avr. 1975, p. 15), d'« un mal physiquement et intellectuellement inexorable ». Deux demandes de rectification restent sans écho ; il faudra attendre le numéro des 8, 9 [et] 10 juin 1975 pour lire la juste observation de Mlle Benveniste : « Si éprouvé physiquement qu'il soit par la maladie, mon frère demeure présent, intéressé par les travaux de ses collègues, de ses anciens élèves, par tout ce qui le rattache, de près ou de loin, aux domaines du cœur et de l'esprit. »
9. Longtemps sa vue a été très troublée : « mes yeux ne sont pas coordonnés, la page de droite s'insère dans celle de gauche et je passe mal d'une ligne à l'autre quand je lis. »
10. Par une suite de questions posées de telle façon qu'elles appellent une seule réponse, positive ou négative.

être remis à l'imprimeur. Acquiesçant de la tête, désapprouvant d'un geste large, il écoute avec attention, le visage enjoué ou sombre au gré des nouvelles qu'on lui apporte. Chaque lettre lui est une joie, il sourit ou, même, rit franchement aux plaisanteries ; il interroge de ses yeux, qui ont bleui, avec lesquels il doit tout dire et qui s'embuent de désespérance lorsqu'il ne parvient pas à se faire comprendre.

Une rééducation, dès lors, n'était-elle pas possible ? La question est vaine, mais elle a été posée. Roman Jakobson relève, après une visite, que l'aphasie est d'expression et que la faculté de perception n'a donc pas été touchée. Pour l'écriture, les efforts du début donnent quelques résultats[11], mais Émile Benveniste renonce bientôt et ne prendra plus la plume qu'en de rares occasions[12]. La kinésithérapie, elle, a connu un certain succès[13], mais elle est intervenue trop tard[14] et sera ensuite quasi abandonnée[15]. Ici encore, c'est le Père de Menasce qui a vu juste. Après sa visite du 23 avril 1970, la dernière, il écrit à Mme F. Mossé. La répugnance d'Émile Benveniste à écrire ? Rien de plus normal : « ces choses humbles qu'il faut réapprendre dès le début, qu'on exécute maladroitement, et dont on constate que l'apprentissage n'en finit pas, eh bien on n'a aucune envie de les faire, surtout à notre âge où est forte la tentation d'abdiquer. » Le maître comprend tout, c'est sûr ; « seulement, c'est le Benveniste de toujours (sauf pendant la guerre, en Suisse), claquemuré en lui-même, secret quant à ses sentiments et n'aimant pas

---

11. Grâce surtout aux conseils donnés par le Père de Menasce et à la patience de Mmes Minard et Mossé.

12. La dernière carte reçue de lui, le 10 octobre 1972 en réponse à une lettre écrite d'Asie Mineure, porte, en majuscules : « Pergame, Izmir, que de beaux souvenirs. À bientôt. Émile Benveniste. »

13. À la Salpêtrière, Émile Benveniste fait chaque jour, avec l'aide d'une infirmière, quelques pas dans le couloir et descend même l'escalier.

14. Le P. de Menasce à Mme F. Mossé, 14 janv. 1970 : « Il me paraît entre autres très étrange qu'on n'ait pas encore commencé une mobilisation des membres paralysés. Dans mon propre cas, lors de mon hémiplégie survenue il y a dix ans, la rééducation avait commencé dans la semaine, bien qu'il ait fallu attendre plus de deux mois avant l'apparition d'un mouvement volontaire. Il est vrai que j'avais été transporté à l'hôpital le plus proche, qui se trouvait être le *Kantonsspital* de Lucerne et où j'ai été soigné admirablement. »

15. Faute de personnel qualifié ? Selon M. Gabriel Pallez, directeur général de l'Assistance publique, il y aurait dix-neuf kinésithérapeutes diplômés à l'hôpital Albert-Chenevier de Créteil – 823 lits au total, répartis en une dizaine de pavillons indépendants, dont le pavillon Clovis-Vincent où Émile Benveniste a passé plus de deux ans (*Le Monde*, 7 août 1974, p. 10).

déranger autrui [...]. Les bien-portants ne peuvent s'imaginer à quel point un homme intelligent peut être déprimé et quasi atone du fait de ne pouvoir se faire comprendre pour de très petites choses : coussin mal placé, chaleur, etc., qui réclament une solution immédiate. Moi qui suis un extraverti et un colérique, cela m'exaspère à un point inouï [...]. Lui se referme plus encore et ce manque de réaction est, je crois, mal compris des médecins qui ne l'ont pas connu auparavant[16]. »

Stoïque dans une souffrance dont nous ne pouvons prendre la mesure, il vivra presque sept ans cette vie de grabataire. Comme on ne peut garder longtemps de malades « chroniques » dans un service de patients « aigus », il est condamné à une odieuse errance. Neuf fois il est transféré d'un hôpital à l'autre, subissant ces casernes de la déchéance humaine, la plupart vétustes, bruyantes jusqu'à l'intolérable, où certains malades donnent l'impression de descendre directement d'un tableau de Jérôme Bosch.

Dans la constante angoisse du lendemain, sa sœur l'assiste, jour après jour, avec une abnégation qui commande la gratitude et le respect[17]. Au début de 1976, elle apprend l'existence d'une maison de santé à Versailles : Claire-Demeure, 12 rue Porte-de-Buc, institution des diaconesses de Reuilly. La directrice, Sœur Danielle, la reçoit le 4 février : oui, elle accueillera Émile Benveniste, sans limitation dès qu'une chambre sera libre. Il y entre le 10 mai trouvant enfin un cadre et une atmosphère dignes de lui. Mais il ne fera que toucher le havre de sa vie : le 3 octobre à 2 h 45 du matin une embolie que rien ne laissait prévoir[18] le terrasse et la mort le relève de sa longue faction. Le matin du 6, une dizaine de collègues et d'amis viennent lui rendre un ultime hommage, et Marcel Bataillon, ancien administrateur du Collège de France, lui dit, en quelques phrases très simples et poignantes, le dernier adieu.

Émile Benveniste repose en face de Claire-Demeure, au cimetière des Gonards qu'il voyait de sa fenêtre.

16. Lettre du 24 avr. 1970.
17. « J'ai souvent pensé à cet effort presque surhumain que s'impose Mlle Benveniste pour aller voir son frère tous les jours, et dans quelles conditions » (Lettre du professeur B. Halpern, 12 fév. 1976).
18. Mlle Benveniste et, fidèle visiteur entre tous, M. Djafar Moïnfar l'avaient quitté, la veille, content et d'humeur presque joviale.

*
* *

Né à Alep (Syrie) le 27 mai 1902, Émile Benveniste sera inscrit à l'École rabbinique de France, au 9 de la rue Vauquelin. C'est sa chance – et la nôtre.

Pendant la guerre, Sylvain Lévi remplace bénévolement un maître appelé sous les drapeaux. « Éveilleur de vocations », il a tôt fait de découvrir les dons exceptionnels du jeune élève, et il l'oriente vers la Sorbonne. À seize ans, Émile Benveniste a déjà dressé la liste des langues qu'il doit apprendre (une douzaine !) et, à l'âge où l'on peine normalement sur le thème latin, il est féru de grammaire comparée : son exemplaire de l'*Introduction* de Meillet (4e édition, 1915) porte, avec sa signature, la date de 1918...

À la faculté des lettres, son maître préféré est Joseph Vendryes[19] qui l'initie, entre autres, au celtique[20] et sous la direction duquel il prépare en 1919-1920, pour son diplôme d'études supérieures de langues classiques[21], un mémoire sur les futurs et subjonctifs sigmatiques du latin archaïque. Ce sera son premier travail imprimé. En même temps il suit les conférences d'Antoine Meillet au Collège de France[22] et à l'École pratique des hautes études où il est aussi, pour la grammaire comparée et l'indien, l'auditeur de Jules Bloch, Louis Finot, Sylvain Lévi et, pour la paléographie latine, en 1919-1920, d'Émile Chatelain. Dès 1920 il prépare avec Louis Renou l'agrégation de grammaire où il est reçu neuvième en 1922.

Jusqu'à la fin de la guerre, l'auditoire de Meillet est très réduit, avec Émile Benveniste, Paul Demiéville (ils vont parfois

---

19. Ce « maître qui lui est cher » lui donne aussi le goût de la promenade : « Il entraînait ses étudiants dans de longues randonnées en forêt de Fontainebleau. »

20. Les notes de cours d'« explication de textes gallois » (1919-1920) sont conservées à la BNF.

21. Le diplôme porte la date du 21 juin 1920 et, entre autres, la signature du doyen Ferdinand Brunot.

22. Deux cahiers de notes conservés à la BNF : « Les origines indo-européennes de la phrase grecque » (1919-1920), « La langue homérique » (1920-1921).

raccompagner le maître chez lui), Alf Sommerfelt « et un Russe, Ivanov, très doué, qui faisait du chinois[23] ». La paix revenue, le cercle s'élargit : aux côtés de L. Renou et P. Chantraine, René Fohalle, Jerzy Kurylowicz et, surtout, celle qui en est le centre, Marie-Louise Sjoestedt, « compagne de nos travaux et de nos loisirs [...], animant nos réunions de son allègre vitalité ». « Jamais groupe, écrira Meillet, n'a compris pareil nombre de jeunes dont j'étais assuré qu'ils seraient bientôt des maîtres. Ils avaient une curiosité ouverte, une critique aiguë, le goût du réel[24] ». D'emblée Meillet a reconnu en Benveniste une « recrue précieuse pour la linguistique ». Et lui qui, évoquant en 1916 la mort, à quarante ans, de Robert Gauthiot, affirmait : « L'œuvre, que personne n'est en état de reprendre, demeure interrompue », se tourne alors vers son jeune disciple et lui confie le soin d'achever précisément l'*Essai de grammaire sogdienne* dont Gauthiot n'a pu livrer que la première partie en 1913[25]. Émile Benveniste l'achève en 1924 et la présente comme travail de diplôme à l'École pratique des hautes études[26]. L'élève des « Langues O'[27] » est déjà maître de la plus difficile des philologies ; le voici prêt à « s'avancer, l'étoile au front, dans la carrière[28] ». Mais il n'est pas, ne sera jamais un spécialiste claquemuré dans « sa » science. Sa curiosité est à la mesure de ses dons. Le Benveniste qui, en 1923, rend compte des *Amesa Spanta* de Bernard Geiger est aussi celui qui, tôt après, parle admirablement des *Cahiers de Malte Laurids Brigge*, celui encore qui, avec L. Aragon, A. Artaud, P. Brasseur, A. Breton, P. Éluard, Max Ernst, H. Jeanson, R. Queneau et

---

23. Lettre de M. Demiéville (26 nov. 1976) qui, parti pour l'Asie à la fin de 1919, retrouve Ivanov « en 1920 à Pékin, d'où il fut par la suite rappelé en URSS et exécuté ».

24. *Étrennes de linguistique offertes par quelques amis à Émile Benveniste*, Geuthner, Paris, 1928, p. V-VI.

25. Consacrée à la phonétique, elle ne paraîtra qu'en 1923. Dans un *p.-s.* à son « Avertissement » (p. VI, du 28 déc. 1922), Meillet annonce qu'« un jeune iraniste, M. É. Benveniste, travaille à écrire » la morphologie.

26. Annuaire de l'EPHE, IVe section, 1923-24, p. 77, où l'on apprend aussi que « É. B. a entrepris une thèse de doctorat sur un sujet iranien » (serait-ce déjà la thèse complémentaire de 1935 ?). L'ouvrage ne paraîtra qu'en 1929, « en partie à cause d'une absence prolongée de l'auteur, surtout par suite des défaillances répétées de l'imprimeur ».

27. Il est inscrit à l'École nationale des langues orientales vivantes en 1922-1923 et 1923-1924.

28. Comme il l'écrit de Ferdinand de Saussure.

d'autres, signe le manifeste surréaliste « La Révolution d'abord et toujours[29] ! »

Émile Benveniste passe ensuite quelque dix-huit mois à Poona – Puna, l'ancien centre de l'Empire marathi au sud-est de Bombay – où il est précepteur des enfants Tata, la célèbre famille d'industriels parsis. Leur fut-il recommandé par Sylvain Lévi[30] ? Nous ne savons rien de ce séjour, sinon que Benveniste rédige alors sa contribution aux *Mélanges Vendryes* et étudie de près ce qu'il nommera plus tard « la plus petite des grandes religions ».

Du 1er mai 1926 au 10 novembre 1927, il fait son service militaire. Envoyé au Maroc, où il restera jusqu'au 25 février 1927, il est bientôt incorporé dans un camp de sous-officiers de Mazagran[31], d'existence éphémère mais où il se lie d'amitié avec Michel Vieuchange qui devait mourir de dysenterie à Agadir en 1930, à la suite de son voyage d'exploration dans le Rio de Oro.

Avant même sa démobilisation, dès le 1er novembre 1927, Émile Benveniste est nommé directeur d'études de grammaire comparée et d'iranien à l'École pratique des hautes études. Ainsi M. Bréal avait ouvert la porte à F. de Saussure, celui-ci à Louis Duvau et à Meillet qui, en poste depuis 1891 (il avait vingt-cinq ans aussi !), considère qu'il est « temps de céder la place à un homme nouveau ». Profitant de l'absence de leur cadet – « et déjà leur modèle » –, les membres du groupe évoqué plus haut préparent à son insu un petit recueil de mémoires[32] qu'ils lui offriront le 5 avril 1928, dans l'appartement de L. Renou, à la suite d'un banquet dont on a conservé le menu, fort spirituel[33], et d'émouvantes images.

---

29. *La Révolution surréaliste*, n° 5, 1925 : « C'est notre rejet de toute loi consentie, notre espoir en des forces jeunes, souterraines et capables de bousculer l'Histoire, de rompre l'enchaînement dérisoire des faits, qui nous fait tourner les yeux vers l'Asie [...]. C'est au tour des Mongols de camper sur nos places. » L'attrait de l'Orient n'est pas seul en cause : les signataires rejettent « l'abjecte capote bleu horizon » et soutiennent le Comité d'action contre la guerre du Maroc. Cf. Maurice Nadeau, *Histoire du surréalisme*, Paris ; t. I, 1946, p. 297-300 et t. II, 1948, p. 37-41.

30. S. Lévi s'était rendu en Inde en octobre 1897, puis en novembre 1921.

31. Port d'origine portugaise dans la province de Casablanca, aujourd'hui Al-Djadida.

32. *Étrennes de linguistique offertes par quelques amis à Émile Benveniste, op. cit.* Avant-propos de A. Meillet.

33. Mme Chantraine a bien voulu nous le donner : « Avant-propos : Zakouski ; Bouchées à l'injonctif ; Truite saumonée de type Védique ; Filet à l'irlandaise ; Asperges doriennes ; Glace Vocabulaire ; Fromage ; Fours ; Fruits » avec « Chablis Première 1919, Château-Léoville 1922, Veuve-Clicquot Carte d'Or, Henri-Goulet 1911 ». Par mon ami O. Masson, j'ai eu connaissance d'un exemplaire

Le 27 février 1936, il soutient ses thèses (les « Origines » et « Les infinitifs avestiques », 1935) et, à peine docteur ès lettres, accède au Collège de France. Après y avoir suppléé Meillet de 1934 à 1936, il est élu le 26 juillet 1937 pour le remplacer dans la chaire de grammaire comparée qu'il occupera jusqu'à l'attaque de 1969[34], avec l'interruption que va lui imposer la guerre.

Il est enrôlé sans doute dès le début[35], mais nous ne savons où il se trouve durant la « drôle de guerre » ni lorsque le front français est enfoncé de la Somme à l'Aisne (5-9 juin 1940). Le combat avec l'Allemagne cesse le 22 juin. Dès le 20, Émile Benveniste est prisonnier au *Frontstalag* 190, dans les Ardennes.

Il s'en évade le 21 novembre 1941 et gagne Lyon où il « découvre » Pierre Emmanuel et sera souvent l'hôte de M. et Mme Minard. Mais la Wehrmacht envahit la zone Sud dite non occupée, le 11 novembre 1942, tandis que l'armée italienne s'installe à Nice et en Corse. Il faut fuir à nouveau. Grâce au Père Jean de Menasce qui entretient avec lui une correspondance secrète « en sogdien »[36]. Il réussit à franchir clandestinement la frontière suisse, près de Genève. Interné d'abord, pour une courte période, dans un camp, il trouve refuge à Fribourg où l'accueillent, outre le Père de Menasce, François Esseiva dans sa

---

appartenant aujourd'hui au sémitisant Maurice Sznycer ; il porte sur la page de garde : « À moi-même, 5 avril 1928, É. Benveniste », puis les signatures de J. et L. Renou, J. Kuryłowicz « ami loyal et légitime », R. Fohalle et enfin celle de P. Chantraine qui l'a fait précéder de « À vous-même ». Acheté sur les quais, le volume aura été volé lors du pillage, pendant la guerre, de l'appartement de Benveniste.

34. Officiellement jusqu'au 27 mai 1972. C'est Mlle Benveniste qui le représentera à la cérémonie du 22 novembre de cette même année où M. Étienne Wolff, administrateur du Collège, dit dans son éloge : « De l'avis des plus grands spécialistes, il a été le plus grand d'entre eux ; son nom est entouré d'une universelle vénération. »

35. Dans l'Annuaire de l'EPHE 1940-1941 et 1941-1942 (Melun, 1943), puis 1942-1943 et 1943-1944 (*ibid.*, 1945), il figure parmi les directeurs « qui ne professent pas ».

36. Jean de Menasce, né à Alexandrie le 24 décembre 1902 et mort à Paris le 24 novembre 1973, s'est initié au pehlevi à l'École des hautes études auprès de Benveniste de 1937 à Pâques 1939. Nommé alors professeur d'histoire des religions et de missiologie à l'université de Fribourg, il regagne Paris à la fin de 1948 et devient directeur d'études à l'École des hautes études. C'est à É. Benveniste, « au maître et à l'ami » qu'il dédie son édition du *Skand-Gumanik Vicar* (Fribourg, 1945).

demeure du 8 avenue du Moléson, et à la bibliothèque cantonale et universitaire qu'il dirige. Pour rendre service, il élabore là un catalogue par matières pour la linguistique, et étonne son entourage par la vastitude de ses connaissances et son immense capacité d'assimilation. Il a certainement fréquenté l'institut Anthropos, établi à la suite de l'*Anschluss* de 1938, à Posieux-Froideville, près de Fribourg, et son fondateur, le Père Wilhelm Schmidt qui enseignait à Fribourg depuis 1939. Parmi d'autres, Jean Starobinski le rencontre chez F. Esseiva : « La conversation de Benveniste m'a fasciné, et je me souviens d'avoir regretté, à ce moment, d'avoir à mémoriser de l'anatomie[37]. » Bien que plus ouvert que d'habitude, Émile Benveniste vit cependant retiré, sans bruit ; sa seule manifestation quelque peu officielle en Suisse paraît être les deux conférences données à Zurich, dans la chaire de Manu Leumann, au cours du semestre d'hiver 1943-1944.

Lorsque, la Libération venue, il peut reprendre, à l'automne 1944, son enseignement parisien, il doit faire face aux dures séquelles de son exil. Son appartement de la rue Méchain est occupé après avoir été pillé. L. Renou et L. Robert ont certes réussi à mettre en lieu sûr le gros de la bibliothèque, mais toute sa documentation, tous ses travaux manuscrits ont disparu[38]. Côté matériel, les choses s'arrangent : il obtient un logis spacieux, 1 rue Monticelli, tout près de la porte d'Orléans, qu'il ne quittera que pour l'hôpital. Pour le reste, roidi contre l'adversité, il se remet à l'œuvre, et l'on songe à Gide notant dans son *Journal*, le 8 mai 1890 : « Il faut travailler avec acharnement d'un coup, et sans que rien vous distraie ; c'est le vrai moyen de l'unité de l'œuvre » ; ou, plus encore, à ce qu'Émile Benveniste écrit de F. de Saussure et qui vaut si parfaitement pour lui : « Il y a chez tout créateur une certaine exigence, cachée, permanente, qui le soutient et le dévore, qui guide ses pensées, lui désigne la tâche, stimule ses défaillances et ne lui fait pas trêve quand il tente de lui échapper. »

37. Ayant terminé ses études de lettres en 1942, J. Starobinski commençait alors celles de médecine, tout en se vouant à des travaux littéraires. Je me souviens avoir entendu, lors d'une conversation en 1950, É. Benveniste le louer d'avoir montré chez Kafka l'incapacité de se sauver par le langage et écrit, dans son *Stendhal* (Fribourg, 1943) que « l'individu ne se sauvera qu'en se singularisant et en défendant sa singularité ».

38. Dans l'avant-propos de ses *Noms d'agent et noms d'action en indo-européen* (Paris, 1948), il signale en note, discrètement à son habitude, cette perte et « l'obligation de reconstituer la documentation entière » de l'ouvrage.

Aussi les vacances ont-elles été rares. Quelques indices font présumer des séjours à Biarritz, à Saint-Raphaël (hôtel *Le Yacht*), en Savoie. Jeune, Émile Benveniste a parcouru la Bretagne, sac au dos, avec Yvonne Sjoestedt, sœur de Marie-Louise et une camarade aussi. Avec le docteur J. Vieuchange, il s'est rendu notamment à Arosa en 1939 (apprenant à skier) et à la Croix-Valmer (hôtel *Kensington*) en 1951. Le plus souvent il doit renoncer : « En fait je n'ai eu de vacances, si l'on peut dire, que cette semaine de Cambridge, avec quelques jours passés en Bourgogne auprès de mon vieux maître Vendryes qui, à près de quatre-vingts ans, reste l'activité même » (17 oct. 1954) ; « je n'ai pu quitter Paris, quoique le repos me soit nécessaire » (4 avr. 1956) ; « sachez, mieux que je ne l'ai su, vous reposer quand il faut » (25 avr. 1962)… Il n'y a guère que les rencontres savantes et les enquêtes sur le terrain pour l'éloigner de sa table.

Émile Benveniste a participé, de 1931 à 1967, à tous les congrès internationaux des linguistes (exception faite du cinquième, qui s'est achevé à Bruxelles le 2 septembre 1939, veille de la déclaration de guerre), comme de 1947 à 1958, aux congrès internationaux d'orientalistes – occasions trop peu nombreuses de l'entendre aussi traiter des sujets les plus divers et de la manière la plus savoureuse. Ainsi au *Park-Otel* d'Istanbul, le soir du 16 septembre 1951, il parle, à la petite tablée qu'il « préside », de l'enfant-roi en Orient, qui peut voler impunément un fruit à l'étalage mais doit assumer tôt des charges d'adulte, puis, relatant la récente affaire de l'université de Los Angeles dont le Conseil a voulu obliger tous les membres à prêter serment de fidélité aux principes démocratiques américains, il remarque avec un sourire malicieux que le cas n'a rien d'exceptionnel : « Certains citoyens des États-Unis se voient refuser leur passeport pour l'Europe sans qu'on leur en donne raison. Cela rappelle les critères derniers autrefois utilisés en Australie pour refouler des immigrants jugés indésirables bien qu'ils remplissent toutes les conditions requises : on leur proposait la lecture et la traduction d'un texte absolument étranger – à un Grec une page d'islandais ou de hongrois. Vous ne pouvez pas traduire, nous regrettons… Dangereuse puérilité. »

Des autres réunions tenues à l'étranger et auxquelles Émile Benveniste a pris une part active, il faut mentionner le congrès d'étruscologie, à Florence, en 1928, les deux colloques organisés par l'Accademia nazionale dei Lincei sur *L'Oriente Cristano nella storia della civilta* (Rome et Florence, 31 mars - 4 avril 1963), et sur *La Persia e il mondo Greco-Romano* (Rome, du 11 au 14 avril 1965) ; le douzième *Special summer meeting* de la Linguistic Society of America (Ann Arbor, Michigan, 28 et 29 juillet 1950) où il dispensera de plus un véritable enseignement[39] ; le *Symposium in historical linguistics*, organisé les 29 et 30 avril 1966 par le département de linguistique de l'université du Texas ; le premier symposium international de sémiotique à Varsovie (du 25 au 30 août 1968), qu'il ouvre par un rapport sur « La distinction entre la sémiotique et la sémantique » ; le *Convegno internazionale Olivetti* (Milan, du 14 au 17 octobre 1968) qui a pour thème *Linguaggi nella società e nella tecnica* ; enfin – ce sera son dernier voyage[40] – le colloque organisé à Rome par le Centre international d'études humanistes et par l'Institut d'études philosophiques de Rome (du 5 au 11 janvier 1969).

Les enquêtes sur le terrain conduisent Émile Benveniste d'abord en Iran et en Afghanistan, puis en Alaska. Chargé de mission par la Direction générale des relations culturelles, il part au printemps 1947 pour la Perse. Il y enquête dans le Fârs, étudiant avant tout le dialecte de Sivand, au nord-est de Chiraz, puis dans le Mâzanderân, au bord de la Caspienne, et avec Georg Morgenstierne, à l'est de Téhéran, dans la bourgade de Semnan (dialectes semnani et surxei). Vers la mi-mai, il se rend à Kaboul. Accompagné de Mohamed Nabi Kohzâd, il fait un premier voyage, du 14 au 24 juin, dans les vallées de Chotol et de Patchaghân pour étudier le paraci. Le 5 juillet, il part pour l'extrême nord, atteignant, le 12, Fayzâbâd, le chef-lieu du Badakhchân (une panne de voiture a obligé les voyageurs à poursuivre leur route en camion, puis à cheval). Le lendemain déjà les cavaliers prennent la direction de Bahârak et atteignent le 23 la petite ville d'Ichkâchim, le 26, ils se rendent à Zebâk, à l'orée du Wâkhân, et le 30 ils reprennent le chemin de Fayzâbâd où ils entrent peu avant l'aube du 1er août. Le retour se fait par Khânâbâd, qu'ils quittent le 6 pour arriver à Kaboul tôt le matin du 7 août. Le butin impressionne d'autant plus qu'il a été

---

39. Il enseigne à l'université de la mi-juin à fin août : « Ces semaines d'enseignement sont surtout pour moi le moyen de mieux voir le travail qui se fait en Amérique et peut-être d'amorcer des recherches particulières » (26 mai 1950).

40. Il en rentre très fatigué : « Pour moi aussi, une assez mauvaise période s'achève, et vous m'aidez à penser qu'une année de plus est un espoir nouveau » (8 juin 1969).

recueilli, dans des conditions difficiles, en quelques journées de travail. Il concerne cinq langues pamiriennes : suyni, iskasmi, sangleci, waxi et munji. Au total cela fait quelque 200 pages rédigées à partir des carnets de notes et quasi prêtes à l'impression[41].

Mais Émile Benveniste est de plus en plus désireux de « sortir » de l'indo-européen et d'étudier de première main une langue où les catégories qui nous sont familières font complètement défaut, dont la structure défie les classifications traditionnelles et exige une réfection totale des notions linguistiques. Il jette son dévolu sur un domaine imparfaitement connu en certaines parties, à peu près inconnu en d'autres, qui s'étend, sur la côte ouest de l'Amérique du Nord, des Queen Charlotte Islands jusqu'à l'intérieur de l'Alaska.

L'entreprise est exécutée en deux temps. En 1952, les conditions matérielles étant favorables, il étudie deux langues de la famille athapaske[42] : le haïda et le tlingit, parlées principalement dans l'archipel de la Reine-Charlotte et sur la côte méridionale de l'Alaska, mais en voie de disparition. À pied d'œuvre au début de juillet et allant du sud au nord, il séjourne successivement dans les villages de Skidegate, Masset[43], puis à Ketchikan, port de pêche dans le sud de l'île de Revillagigedo, où il relève (22 août-6 septembre) le dialecte de Kassaan qui paraît être une variante du Skidegate. Le 7 septembre, il prend l'avion pour Seattle et Vancouver, d'où le Canadian Pacific Railway le mène en deux jours (16-17 septembre) à Winnipeg, la capitale du Manitoba et le grand marché canadien du blé. Il est de retour à Paris vers la mi-octobre et nous parle, en décembre, avec un plaisir évident, de ce premier séjour, pourtant difficile et laborieux[44], comme le montre la lettre adressée, le 11 juillet, de Skidegate à Pierre Chantraine :

---

41. É. Benveniste l'a toujours remise, espérant trouver le temps de donner forme définitive à quelques parties insuffisamment élaborées à ses yeux ; elles sont simplement signalées dans ses *Recherches de dialectologie iranienne* (Léon Reichert, Wiesbaden), où l'on trouvera, le détail des itinéraires et des enquêtes.

42. Cf. *Les Langues du monde*, nouvelle édition, Paris, 1952, t. II, p. 1026-1033 et carte XVII A.

43. Ces localités ont donné leur nom aux deux principaux dialectes du haïda.

44. Il en rapporte cinq épais cahiers de relevés. Deux ont été « recopiés à Masset, à l'hôtel Kariscourt », un autre « mis au net lors de mon retour, dans le train du Canadian Pacific Railway entre Vancouver et Winnipeg, les 16 et 17 sept. 1952 ».

> Je suis installé depuis une semaine aux îles de la Reine-Charlotte, au large de la Colombie-Britannique, au milieu d'un village habité exclusivement par des Indiens Haïdas. C'est une étrange sensation de vivre parmi ces pêcheurs, au bord d'une plage qui ouvre sur le large, adossée à d'épaisses forêts. Depuis quelques jours le ciel, jusque-là morose et pluvieux, resplendit d'une lumière méditerranéenne, et le paysage est un enchantement. Je crois être le premier blanc à m'être fixé ici, non sans mal d'ailleurs. Mais n'imaginez pas une peuplade primitive. Ce sont des pêcheurs dont la vie et la culture ne diffèrent guère de celles des blancs de même condition. Ils habitent de petits chalets de bois, pêchent sur des bateaux à moteur, et ne parlent qu'anglais, les jeunes du moins. Je travaille tous les jours avec quelques vieillards à enregistrer par petits morceaux et à essayer de comprendre cette langue étrange. Je commence à entendre les sons et c'est déjà un progrès. Dans quelques jours j'irai dans un autre village tout au nord de l'île [il part le 17 juillet pour Masset], pour compléter ma documentation. La vie matérielle d'un blanc isolé, dans ces îles à peu près inhabitées, pose à chaque instant quantité de problèmes, et c'est une grande gêne pour mon travail. En cette saison, ce serait un séjour délicieux s'il y avait ici l'hôtel le plus rudimentaire. Et c'est ainsi à peu près partout le long de la côte, où il y a tant à voir et à faire.

En 1953 il repart, bénéficiant cette fois de l'aide de la Rockefeller Foundation qui l'a inscrit dans son *exchange visitor program*. Arrivé le 16 juin à New York, il gagne Vancouver et continue aussitôt ses enquêtes de l'année précédente, toujours en progressant vers le nord. Le mieux est de donner ici, avec quelques notes, l'essentiel du rapport dactylographié qu'il adressera, le 5 février 1954, à Edward F. D'Arms, directeur associé de la Rockefeller Foundation (Division of humanities).

> J'ai d'abord étudié, entre le milieu de juin et la fin de juillet, la langue des Indiens Tlingits, à Juneau d'abord, puis au nord dans la région de Haines et Klukwan. Il peut être utile de signaler que les Tlingits ont la réputation d'être, parmi les Indiens de l'Alaska, les plus rebelles à l'enquête. Leur refus obstiné de livrer aucune information complète sur leur langue et sur leurs traditions a découragé plusieurs ethnographes (il y en a des exemples tout récents). La résistance la plus forte se situe autour de Klukwan, qui est comme le conservatoire des anciennes cou-

tumes. Or c'est justement avec des informateurs de cette région que j'ai constamment travaillé. J'ai eu la chance de leur faire accepter mes questions et d'obtenir d'eux de précieux renseignements sur les sujets qui m'intéressaient. J'ai même pu visiter à Klukwan les maisons de cérémonie de plusieurs clans et voir les objets rituels et les masques qu'on ne montre pas aux étrangers. C'est avant tout à la langue que j'ai consacré mon travail quotidien. Les matériaux que j'ai recueillis présentent de l'intérêt sous plusieurs rapports.

J'ai réuni un grand nombre de données lexicales, particulièrement en relation avec les principaux aspects de la culture. On peut constater un clivage entre plusieurs séries de désignations : il y a les termes de la vie quotidienne, et il y a les termes de cérémonie, qui ne doivent pas s'employer hors des circonstances appropriées. Une autre expérience instructive a été d'obtenir la version native de certaines institutions fondamentales telles que le potlatch qui ont été si abondamment commentées par les ethnologues. En analysant les termes qui dénomment l'institution et en les faisant commenter par les informateurs, j'ai pu me former, de ces faits culturels, une notion plus rationnelle et moins « exotique » que celle qui est accréditée aujourd'hui.

Une des caractéristiques de la langue en question est d'exprimer par des moyens lexicaux quelques-unes des catégories qui sont pour nous grammaticales. Ainsi ce que nous appelons la distinction du singulier et du pluriel est réalisée en tlingit par des termes distincts : deux verbes différents sont employés pour « aller » ou « dormir », etc. l'un pour « une personne va, dort, etc. » l'autre pour « plusieurs personnes vont, dorment, etc. » ; un verbe signifie « tuer (un animal) », un autre « tuer (plusieurs animaux) ». Ce trait a des conséquences grammaticales importantes et de portée générale.

Des faits intéressants ont été notés aussi relativement à la structure des formes verbales, qui sont toujours complexes, et composées de plusieurs morphèmes dont chacun a un rôle constant. C'est un travail délicat d'analyser la structure sémantique d'une notion pour nous simple telle que « peser » ou « couper » ou « souffrir » quand elle est exprimée par une combinaison de morphèmes où la racine ne porte qu'un sens assez vague. La variété du matériel permettra de mieux définir les relations formelles et sémantiques entre les éléments des formes verbales qui sont la partie la plus importante et la plus difficile de la morphologie.

J'ai pu noter aussi les indications utiles sur la distribution des clans ainsi que sur les rapports et les contacts des Tlingits avec les autres peuples indiens de la côte ou de l'intérieur. Certains termes religieux et aussi plusieurs noms d'animaux sont certainement des emprunts à d'autres langues et attestent des relations anciennes.

Au début d'août [le dimanche 2], je me suis rendu de Haines-Klukwan à Skagway puis à Whitehorse (Yukon Territory, Canada)[45]. J'étais dans l'aire des Indiens Athapaskes, dont le mode de vie et la culture sont entièrement différents, malgré quelques analogies dues peut-être à des contacts avec les Tlingits. Ces Indiens vivent en très faible groupe ou bandes et sont avant tout chasseurs et pêcheurs, se fixant à proximité des rivières et des lacs, poursuivant le gibier. Leur dispersion sur un immense territoire qui couvre à la fois l'Alaska américain et la province canadienne du Yukon a produit une grande variété de langues qui sont encore à peu près inconnues.

J'ai étudié une de ces langues dans un des villages du Yukon (Kluane), à proximité de l'Alaska Highway. Puis je me suis rendu à Fairbanks, et de là presque immédiatement à Fort Yukon (Alaska) où j'ai travaillé jusqu'au début de septembre.

Fort Yukon est situé un peu au-delà du cercle arctique et constitue l'agglomération indienne la plus septentrionale et aussi la plus nombreuse (plus de 500 Indiens) du nord de l'Alaska. Aucun linguiste n'avait encore visité cette région. Là encore j'ai eu de la chance de trouver des informateurs sérieux et bien disposés avec qui j'ai travaillé intensivement. L'expérience était toute nouvelle et très difficile. Je me suis efforcé de recueillir le plus de données possible à la fois sur la langue, qui a une structure compliquée, et sur les traditions historiques de ce peuple. Ces Indiens semblent avoir conservé des souvenirs de leurs migrations anciennes à partir de la côte vers l'est en remontant le cours du Yukon. Ils ont aussi une nomenclature intéressante des autres tribus et de la distribution. En outre, leur mode de vie a multiplié dans leur langue les dénominations d'animaux. J'ai assemblé un vocabulaire assez riche de la vie animale qui pourra être bientôt publié. Mais c'est surtout la structure de la langue qui a retenu mon attention. La langue de Fort Yukon s'apparente à celle de la grande famille athapaske qui s'étend jusqu'au sud des États-Unis sous la forme du navaho. Les données neuves que j'ai enregistrées contribueront à établir les relations exactes entre les divers groupes linguistiques essaimés entre l'Alaska et l'Arizona. C'est dans la mesure où il sera possible de restituer la

---

45. Whitehorse, terminus du chemin de fer de Skagway, est le chef-lieu du district de Yukon.

> structure de cette famille qu'on pourra examiner la parenté possible de cette langue avec le tlingit et avec le haïda.
>
> Dans les premiers jours de septembre pour avoir au moins une idée d'une région et d'une culture différente de celle que je venais d'étudier, j'ai fait un court séjour chez les Eskimō de la mer de Behring, dans les localités de Kotzebue et de Nome. Bien que cette visite n'ait duré que quelques jours, j'ai eu une impression très vive des remarquables capacités de ce peuple, qui a su garder son originalité, et je me suis informé de leurs contacts avec les Indiens du Bas-Yukon, qui ont subi leur influence. Là aussi j'ai relevé quelques particularités linguistiques.
>
> Pendant tout cet été je n'ai guère laissé passer un jour sans travailler avec l'un ou l'autre de mes informateurs. Il fallait utiliser au maximum la chance que j'avais de poursuivre mes investigations dans un pays si peu connu, et enregistrer le plus possible. C'est maintenant seulement que je puis étudier et élaborer cette masse de matériaux en vue de publications que je prépare [...].
>
> Dans les conversations que j'ai eues à Fairbanks, à Seattle et aussi dans mes correspondances avec des amis de Vancouver, j'ai essayé de suggérer le plan d'une exploration extensive de toute la région du nord-ouest assumée par un « *pool* » des universités américaines et canadiennes du Pacifique (Alaska, Washington, British Columbia), pour un « *survey* » approfondi des langues des cultures indiennes les plus originales qui existent en Amérique du Nord, avant qu'elles disparaissent. L'idée a été favorablement accueillie. Mais l'initiative de la réaliser doit partir d'Amérique même.
>
> Mon expérience m'a montré en tout cas qu'il était juste temps d'accomplir cette enquête. D'ici peu d'années les conditions auront complètement changé, avec le peuplement rapide et l'industrialisation croissante de l'Alaska, le développement des communications dans l'intérieur, et les progrès de la scolarité et de l'acculturation chez les Indiens.

Le 11 septembre, Émile Benveniste quitte Juneau pour Seattle, puis regagne New York où il s'embarque le 3 octobre sur le *SS United States*. Dès décembre, il consacre l'un de ses cours du Collège aux langues indiennes de l'Alaska – pour la première fois objet d'un enseignement en France. De multiples obligations, d'autres projets l'empêcheront, hélas, de publier les matériaux qu'il a récoltés : huit gros cahiers noirs consacrés au tlingit, trois à la langue du Yukon. L'un de ceux-ci contient les « notes prises le 6 août 1953 à Champagne, Yukon Territory, recopiées de mon petit carnet brun le 11 septembre dans l'avion de Juneau à Seattle pour occuper les cinq heures de vol, *and in dear memory of my Alaskan trips* ». Cette remarque émouvante, complétons-la par la relation isolée dans ses carnets, de son séjour à Skagway et Whitehorse.

> Mercredi 5 août 1953. Quitté à regret Haines et le si accueillant hôtel Hälsingland de Chilkoot le dimanche matin 2 août. Un quart d'heure après, j'atterrissais à Skagway. Dans cette ville morte, plus morte encore un dimanche, j'ai passé une journée solitaire, enivré d'une mélancolie que le vent incessant semblait approfondir et calmer en même temps. Le temps gris, le charme lointain d'un passé qui flotte encore en images fanées dans cette rue 1900, l'atmosphère *Gold Rush* qui imprègne la vieille bâtisse de l'hôtel Pullen, la charmante floraison des arbres et des jardins dans les chemins déserts, le vert tendre des saules, la lente promenade au vieux cimetière par-delà la voie ferrée, où j'étais seul parmi les tombes des pionniers au pied d'une cascade bruissante, je ne me doutais pas que c'était comme un adieu à l'Alaska et à la mer. Je garderai longtemps ces images.
> Le lendemain matin, lundi, je prenais le petit train pour Whitehorse. Après une lente montée, au long des pentes couvertes de brume, nous avons émergé dans un ciel radieux, d'où tombait un soleil éclatant. J'étais heureux et ivre de cette chaleur depuis longtemps oubliée. Arrivé en retard à Whitehorse, installé à l'hôtel Regina, dans une petite chambre. Ma première impression de Whitehorse : un ciel immense où flamboyait un soleil aveuglant, des étendues de baraques de bois plantées çà et là, une poussière suffocante soulevée en épais tourbillons par les camions qui brinqueballent à travers des avenues qui sont plutôt des pistes, la chaleur du haut plateau, quelques Indiens très bruns : je me suis cru en Perse par un jour pur et torride. Un vent sec, chaud, dessèche la peau. Je découvre que cette « métropole du Yukon » a la raideur et l'aspect désespéré des cités où le blanc est encore un campeur. Il n'y a pas cinq bâtisses de pierres. De très larges avenues de sol battu, plus larges encore d'être bordées de bicoques isolées, de baraques croulantes, d'espaces vagues, et de partout des colonnes de poussière qui montent et tournoient. Entrepôts bâtis à la diable, masures de bois vermoulues, une *Main Street* qui se borne à cent mètres et de chaque côté dix magasins miteux en bois, le Whitehorse Jun et une banque seuls construits en pierre, voilà donc ce fameux Whitehorse. [...] Mardi matin, je m'informe des moyens de quitter au plus tôt ce lieu stérile. J'apprends que le *steamer* pour Dawson ne partira pas avant une dizaine de jours et per-

sonne ne sait au juste quand, que Dawson n'est relié à Whitehorse que par l'avion bihebdomadaire [...], et enfin que l'autobus de l'Alaska Highway est parti le matin même à 7 h et qu'il n'y en aura pas d'autre avant jeudi. La rage me prend à l'idée qu'il me faudra passer deux jours désœuvrés ici. Je prends un billet pour Burwash Landing par l'autobus de jeudi.
Ne sachant trop que faire, je vais au bureau des Indian Affairs. Une dame peu renseignée, mais aimable m'apprend que le chef du bureau, Sheek, est à Vancouver pour suivre un *summer course* d'anthropologie avec Hawthorn ! Nouvelle déveine. [...] À la fin de l'après-midi, j'ai été sur les bords du Yukon, et là l'intense poésie du fleuve aux berges crayeuses, coulant parmi les feuillages inclinés d'un mouvement vif et puissant, m'a lentement pénétré et a effacé l'humeur maussade qui m'avait envahi. Il semble puéril de s'impatienter de deux jours perdus, mais ces semaines comptent tant pour moi que je les voudrais toutes comme celle que j'ai passée à Haines, travaillant du matin au soir à recueillir des formes et des phrases, ivre de ce travail épuisant et nouveau. [...] Je me prends à aimer ce plateau (mon altimètre marque 680 m), l'air sec et chaud, les berges couvertes d'une végétation foisonnante, l'air limpide et brûlant où le regard porte loin. Je ne sais pourquoi je me crois en Asie centrale, au bord de l'Oxus, en quelque coin du nord de l'Afghanistan ; ces souvenirs de mes randonnées s'enlacent à mes impressions d'aujourd'hui et me poignent. [...] Je garde cependant comme un vague regret de n'avoir pas vu Dawson. Nous verrons s'il persistera quand j'aurai abordé l'expérience de Burwash, de Tanacross ; et si je parviens à atteindre Fort Yukon, il sera effacé.

*
 * *

Hostile au tapage publicitaire, ennemi des faux-semblants, Émile Benveniste s'est refusé à toute gloire facile. Ainsi les honneurs qui lui sont pourtant échus en grand nombre ne furent que la sanction de ses éclatants mérites.

Quarante-sept ans après les *Étrennes* lui sont dédiés deux volumes d'hommages : les *Mélanges linguistiques*[46] que lui remettent à Créteil, dans l'après-midi du 6 juin 1975, « au cours d'une cérémonie à la fois émouvante et empreinte de la plus grande simpli-

---

46. *Mélanges linguistiques offerts à Émile Benveniste*, Paris, 1975 (coll. « Linguistique », Société de linguistique de Paris-Peeters, vol. LXX).

cité⁴⁷ », les membres du bureau de la Société de linguistique ; et l'ouvrage *Langue, discours, société*⁴⁸ au sommaire duquel la présence, à côté de linguistes, de spécialistes de l'anthropologie, de la mythologie, de la psychanalyse et de la théorie littéraire, atteste l'étendue de son influence.

Dans sa séance du 14 mars 1958, l'Académie des inscriptions et belles-lettres décide de lui attribuer le prix Alfred Dutens pour l'ensemble de son œuvre⁴⁹. Ce n'est qu'un prélude : ne devrait-il pas y appartenir ? Il est certes réfractaire à la tradition, d'ailleurs branlante, des visites, mais M. Louis Robert a vigoureusement défendu la procédure nouvelle du choix direct. Émile Benveniste en sera le premier bénéficiaire⁵⁰ : le 27 mai 1960, il est élu au siège laissé vacant par Joseph Vendryes, décédé le 30 janvier⁵¹, et le 8 juillet, le président Marcel Bataillon peut lui souhaiter la bienvenue, l'invitant « à prendre place parmi ses confrères et à s'associer à leurs travaux ». Il n'y manquera pas et son fauteuil, à côté de celui de P. Demiéville, reste rarement vide. De ses communications, le bureau retiendra celle du 12 octobre 1962 pour être lue à la séance publique annuelle du 23 novembre. Il est désigné comme membre de la commission interacadémique du prix Volney, de la commission chargée de dresser la liste des savants français à proposer pour le titre de correspondant du conseil scientifique de l'École française d'Extrême-Orient. Et si, lors de l'élection du vice-président, le 17 décembre 1965, il se récuse, c'est qu'il estime, à bon droit, avoir sacrifié assez de son temps à des tâches administratives. Il faut parler ici de son dévouement

---

47. Selon les termes de l'administrateur S. Sauvageot : *Bulletin de la Société de linguistique*, 71/1, 1976, XX.

48. *Pour Émile Benveniste*, Julia Kristeva, Jean-Claude Milner, Nicolas Ruwet (eds.), Paris, Seuil, 1975.

49. Présidant la séance publique annuelle du 21 novembre, L. Renou rappelle cette distinction : « J'ai pudeur à parler du grand linguiste. Qui donc a jamais possédé, à un degré supérieur au sien, le génie de la linguistique générale, de la grammaire comparée la plus heureusement novatrice, joint à la maîtrise d'une philologie complexe entre toutes, celle de l'iranien ancien ? »

50. Plusieurs témoignages concordants permettent d'affirmer que É. Benveniste s'est senti honoré d'avoir été, en ce sens, choisi, et que cet honneur a été plus pour lui qu'un succès dans l'ordre temporel.

51. Commentant cette élection, *Le Figaro* déclare (28 et 29 mai 1960 : « Le nouvel académicien [...], encore que ses publications ne soient pas très nombreuses, a poursuivi d'originales recherches dans la poussière des langues iraniennes, grammaire, sémantique, philologie [*sic*]... » É. Benveniste avait signé alors 13 ouvrages, plus de 200 articles et près de 250 comptes rendus !

pour l'œuvre et les intérêts des deux sociétés auxquelles est allée naturellement sa faveur : la Société de linguistique et la Société asiatique.

Présenté à la première le 17 janvier 1920 par A. Meillet et J. Vendryes, il est élu membre le 18 février. De ce jour au 15 mars 1969[52], il est d'une assiduité exemplaire[53]. Le 7 décembre 1929 il est nommé membre de la commission des finances et le demeure jusqu'à la guerre ; le 19 décembre 1936, il entre dans le comité de publication ; le 3 février 1945, il est élu secrétaire adjoint, mais assume déjà en fait la charge de secrétaire, donc de rédacteur du *Bulletin*[54], qui lui sera confiée le 20 décembre 1958 et où il faudra le remplacer le 19 décembre 1970[55]. Dans les *Mémoires* et le *Bulletin*, il a publié 65 articles et dès 1936, à quelques exceptions près, tous ses comptes rendus. À lire les procès-verbaux des séances, on constate le nombre et l'importance de ses interventions – pour ne rien dire de toutes ses communications. On attendait son jugement, difficile à prévoir[56], qui atteignait toujours l'essentiel : que de séances ont été illuminées par l'éclat de sa pensée !

Pour la Société asiatique il a fait beaucoup aussi. Élu le 13 mai 1921 sur présentation de Meillet et J. Bloch, il devient secrétaire le 14 juin 1928 déjà, en remplacement de Louis Finot, et le restera jusqu'en juin 1947. S'il n'assiste pas aux séances de 1921-1922, trop occupé sans doute à préparer l'agrégation, il est régulière-

---

52. C'est la dernière séance à laquelle il ait assisté ; pour les trois suivantes (26 avril, 28 juin et 22 novembre), il s'est excusé, preuve encore de son extrême fatigue.

53. Dans ce laps de temps, la Société a tenu 498 séances à 363 desquelles il assiste. Ses absences s'expliquent presque toutes par des événements extérieurs : séjour à Poona (19 séances), service militaire (14), mission en Orient (10) et en Alaska (4), pause forcée après l'infarctus du 9 décembre 1956 (12 séances).

54. J. Vendryes a été élu secrétaire en 1936 à la suite de Bréal (1866-1915) et de Meillet (1915-1936), mais lorsqu'en 1945, la Société reprend son activité, il a atteint l'âge de la retraite et « n'accepte que le titre, le secrétaire adjoint le déchargeant du travail effectif. Cet arrangement, renouvelé chaque année, a duré jusqu'en 1958 ». Tâche lourde et qui parfois le harcèle : « J'espère qu'on pourra bientôt distribuer un gros bulletin 1954, très en retard, dont la correction use mes veilles » (4 mars 1955).

55. Il est alors nommé secrétaire honoraire, la rédaction du *Bulletin* passant à M. Lejeune, assisté de J. Perrot, secrétaire adjoint.

56. Tantôt il approuvait de la tête, imperceptiblement, tantôt il manifestait son désaccord par une moue ou son agacement par le cliquetis, involontaire, de son stylo à bille.

ment présent à partir de 1923, sauf quand les circonstances qu'on vient d'évoquer l'éloignent de Paris. De 1932 à 1949, il présente neuf communications. Mais dès 1953, toujours plus à court de temps et sollicité ailleurs – il présidera l'Association pour l'encouragement des études grecques en 1954-1955[57] –, il renonce à se rendre rue de Seine et paraîtra, la dernière fois, à l'assemblée générale du 15 juin 1961. Il poursuit néanmoins sa collaboration au *Journal asiatique* auquel il donnera 30 articles et 29 comptes rendus.

L'œuvre est aussi vaste et diverse qu'est redoutable et hasardeuse la tentative de la résumer en quelques pages. Résignons-nous donc d'emblée « à encourir le double reproche d'être inférieur et incomplet[58] ».

À première vue, on discerne trois domaines d'activité : indo-européen, iranien, linguistique générale. Ils ont, pour sûr, bénéficié d'un traitement préférentiel, mais on ne saurait enfermer l'œuvre dans cette tripartition. Pour saisir le principe qui l'anime et la constitue, il faut procéder d'abord à un inventaire, même s'il doit être sec et monotone, des écrits qui gravitent, à distance plus ou moins grande, autour de ces thèmes majeurs.

Émile Benveniste est sans doute l'un des derniers comparatistes capables de couvrir l'ensemble du domaine indo-européen. Mais si toutes les consonances de la symphonie lui sont familières, il a su aussi, ce qui est plus rare encore, explorer chacune des langues principales de ce groupe. Déjà dans son travail de diplôme de 1922, il montre que la comparaison, quoique toujours présente, ne mène pas seule à la solution du problème et qu'il faut souvent rechercher à l'intérieur même d'une langue les éléments d'une explication.

Très tôt il s'est intéressé au hittite – que Meillet a quasi négligé. Pour lui « la période du scepticisme et d'hypercritique est désormais révolue » et cette langue peut livrer beaucoup plus que ce qu'on en a tiré jusqu'alors. De nombreux articles, qui s'échelonnent sur une trentaine d'années (1932-1962) témoignent de la continuité de ses recherches. Celles-ci n'apportent pas de

---

57. Avec P. Gouron et Cl. Lévi-Strauss, il dirige *L'Homme*, revue française d'anthropologie qui commence à paraître en 1961 ; dès 1964, avec H. Berbérian, la nouvelle série de la *Revue des études arméniennes* (il signe l'avant-propos du t. I).

58. J. Vendryes, au début de son article sur Meillet, *Bulletin de la Société de linguistique*, vol. 38, n° 1, 1937, p. 1.

nouveautés philologiques ni de matériel inédit mais, fondées sur les faits les mieux établis, éclairent maints problèmes de phonétique, de morphologie, de vocabulaire et de syntaxe. Revues, élargies et augmentées d'inédits, plusieurs de ces études constituent le volume de 1962 : *Hittite et indo-européen*, où Benveniste, d'une part, vise à accroître l'apport du hittite à la restitution d'une phase très ancienne de l'indo-européen, et de l'autre, met en lumière certains aspects importants de cet héritage hittite. [...]

Au tokharien, qui intervient dès le travail de diplôme et sera constamment cité à la barre, É. Benveniste a consacré en propre un seul article, mais qui fait date, où il cherche à en définir la position dialectale : c'est le « membre ancien d'un groupe préhistorique (auquel appartenait peut-être aussi le hittite) qui confinait d'une part au baltique et au slave, de l'autre au grec, à l'arménien et au thraco-phrygien » – conclusion qui, cette fois encore, mène bien plus loin puisque la projection géographique des résultats indique la région des steppes s'étendant au sud-est de la Russie jusqu'à l'Oural, c'est-à-dire le cadre de la communauté indo-européenne tout entière.

De l'indien, Benveniste a une connaissance parfaite[59], comme cela est nécessaire pour un comparatiste et un iranisant, mais il l'a presque toujours considéré dans le cadre indo-iranien. [...]

Fidèle à l'enseignement de Meillet, Benveniste a fait, dans ses travaux, large place à l'arménien, en étudiant tour à tour la mutation consonantique, le transitif et l'intransitif dans la construction du participe. [...] Surtout, il a considérablement accru l'inventaire, commencé par Hübschmann, Meillet et Gauthiot, des emprunts iraniens, qui appartiennent pour la plupart à l'époque arsacide et dont il précise à chaque fois la source dialectale [...]. Comme dans d'autres secteurs, Benveniste s'est intéressé ici aux composés, qu'il s'agisse d'une formation particulière [...] ou du procès lui-même qui a connu une grande fortune et soulève des questions délicates, comme celle de la traduction des composés du grec biblique dont l'analyse l'amène à définir la place de la composition dans la structure de la langue et la fonction à laquelle elle répondait.

---

59. Il suffit de voir avec quelle étonnante sûreté il signale les désaccords de détail en rendant compte de l'*Indo-Aryen* de J. Bloch ou du *Wörterbuch* de M. Mayrhofer.

Dans les écrits concernant le grec, la première place revient au vocabulaire. [...] Abordée magistralement dans le mémoire sur les futurs et subjonctifs sigmatiques, la morphologie latine a fait l'objet de deux autres études au moins [...]. Mais ici comme en grec, l'effort a surtout porté sur le lexique. [...] Les recherches « latines » de Benveniste se sont, naturellement, étendues au français. Il a étudié des emprunts à l'anglais comme « international » et « sténographie », des latinismes comme « presqu'île », « convoler », « normal », « larve », « scientifique », etc. [...] Ses investigations lexicologiques éblouissent par l'abondance des matériaux mis en œuvre et son aptitude continuelle à intégrer le fait singulier dans un ensemble cohérent, qualités qui éclatent dans sa contribution à l'histoire de « civilisation » ou dans la façon dont il démêle les rapports entre « amenuiser et menuisier ». [...] On constate que le français sert de point de départ à des réflexions et à des définitions qui le dépassent : l'examen d'une langue particulière débouche sur un problème linguistique générale. C'est, chez Benveniste, une démarche essentielle.

Le celtique, s'il intervient dans la comparaison chaque fois que son témoignage importe, n'a donné lieu qu'à deux notes lexicographiques.

Les articles sur le germanique sont peu nombreux aussi et se rapportent presque tous à un problème plus large, traité ailleurs comme tel. [...]

Trois articles ont trait au baltique et appartiennent à l'époque où se préparaient les *Origines* (1932-1935). [...]

À propos du slave enfin, Benveniste enseigne une fois de plus, que le vocabulaire n'est pas un ensemble homogène. Il y faut distinguer soigneusement les emprunts directs [...], les calques sémantiques [...] et les héritages communs dont subsistent quelques précieux exemples.

Mais, nous l'avons dit, dans ce long cortège, c'est à l'iranien qu'Émile Benveniste a adjugé la « part du lion ».

ANNEXE 2

Les papiers d'Émile Benveniste

Émilie BRUNET

Papiers d'orientalistes Émile Benveniste (Alep [27 mai] 1902 – [Versailles] 3 octobre 1976), éminent iranologue qui enseigna, dès 1927, à la IVe section de l'École pratique des hautes études et au Collège de France à partir de 1937 et dont l'érudition couvrit notamment tout le domaine de l'iranien ancien et plus particulièrement le vieux et moyen perse et l'avestique.
Ces papiers – d'une importance capitale – légués à la Bibliothèque nationale et déposés au département des manuscrits le 30 décembre 1976, seront plus amplement analysés dans un prochain article[60].

C'est par ces lignes, publiées quelques mois après la mort de Benveniste, que la Bibliothèque nationale de France (BNF) a signalé l'arrivée au sein de ses collections de l'archive scientifique du linguiste, manuscrits dont le présent volume vient indéniablement confirmer l'« importance capitale ». L'article promis, qui devait présenter plus précisément les papiers, n'a pas été écrit, si bien que, pour reprendre une formulation d'Irène Fenoglio, le fonds est resté endormi, et ce sans que le don de Jean Lallot en 1981 – un manuscrit partiel et annoté de sa main du *Vocabulaire des institutions indo-européennes* – soit venu le réveiller[61].

---

60. *Bulletin de la Bibliothèque nationale*, n° 1, 2e année, mars 1977, p. 12-13.
61. Voir *Revue de la Bibliothèque nationale*, n° 3, 2e année, mars 1982, p. 49. Rappelons que Jean Lallot, aujourd'hui professeur honoraire de grec (ENS Paris et Sèvres), a établi les sommaires, tableau et index du *Vocabulaire des institutions indo-européennes* de Benveniste, publié en 1969.

Il faut attendre les années 2000 pour que moins d'une poignée de chercheurs commencent à le consulter rue de Richelieu, à Paris, dans l'attachante salle de lecture orientale du département des manuscrits de la BNF. Cet intérêt a incité la BNF à inventorier et à cataloguer le fonds afin de faciliter son accès aux chercheurs. Si le travail technique est loin d'être achevé, nous pouvons déjà présenter l'historique de ce fonds, retracé grâce à ce qui s'est révélé une véritable enquête. Nous verrons qu'il nous a permis, notamment, de déceler l'existence de papiers en dehors de la seule BNF à qui Benveniste avait pourtant choisi de les léguer.

Les volontés de Benveniste et de sa sœur Carmelia

Émile Benveniste est décédé le 3 octobre 1976 à Versailles. Son testament daté de 1973[62] atteste sa volonté de léguer ses manuscrits à la « Bibliothèque nationale de Paris[63] » qui s'est vu ainsi attribuer la charge de les cataloguer. Par ce document, le linguiste a institué, par ailleurs, sa sœur Carmelia Benveniste (1904-1979), comme sa légataire universelle. Émile Benveniste avait désigné Georges Redard (1922-2005)[64] dans le cas où celle-ci décéderait avant lui.

Benveniste précisait également que son légataire devait se charger de vendre sa bibliothèque dans son intégralité à un seul acquéreur. Il donnait sa préférence à une institution scientifique, université ou centre de recherches sans en désigner un spécifiquement. Il précisait cependant que l'institution choisie devait porter sur ou dans chacun des volumes scientifiques ache-

---

62. Une copie de ce testament est versée au dossier coté E160/47 du legs Émile Benveniste (1973-1978) conservé à la BNF et consultable sur autorisation. Le document a été rédigé le 6 août 1973 en présence de Me Ader, notaire, et de deux témoins, professeurs et membres de l'Institut, MM. Pierre Chantraine et Louis Robert. Benveniste y est déclaré « malade de corps et sain d'esprit ». Notons également qu'en cas de refus de la BNF, Benveniste avait prévu de confier ses papiers au Collège de France.

63. Précisons que cette expression n'a jamais été officiellement utilisée pour désigner la BNF. Précédemment Bibliothèque du roi, impériale ou nationale, l'appellation actuelle est Bibliothèque nationale de France, ou BNF.

64. Professeur à l'université de Berne (Suisse), proche de Benveniste, Georges Redard était spécialiste des dialectes iraniens et a enseigné la linguistique générale et la philologie indo-européenne.

tés, les mentions : « *Ex-libris* Émile Benveniste » ou « Ce livre a appartenu à Émile Benveniste ». Autre volonté du savant : la somme obtenue devait servir à l'avancement des études iraniennes (achat d'ouvrages, octroi d'une bourse à un jeune chercheur, création d'un fonds « Émile Benveniste », ou autre).

Un brouillon de contrat de vente entre Carmelia Benveniste et le Conseil d'État du canton de Berne daté de 1975 et conservé dans les archives du Collège de France nous a mis sur la piste de la vente de la bibliothèque de Benveniste au profit de l'Institut de linguistique de l'université de Berne où Georges Redard professait. Le professeur Iwar Werlen, actuel directeur de l'Institut, nous a confirmé qu'elle avait bien eu lieu et que la plupart des livres, brochures et tirés à part étaient désormais intégrés à la bibliothèque de l'Institut.

Quant aux droits d'auteur, Carmelia Benveniste les a légués, par l'intermédiaire de Georges Redard en 1982, à l'Académie des inscriptions et belles-lettres qui les détient depuis 1984 (notons que si cette dernière avait refusé, ils seraient revenus à l'Institut d'études iraniennes de l'université Paris 3 – Sorbonne nouvelle). Jean Leclant, secrétaire perpétuel de l'Académie, disparu en septembre 2011, nous a informée de l'existence d'une fondation Émile Benveniste qui a vocation de décerner des bourses à des chercheurs auteurs d'ouvrages relatifs aux domaines de recherche dans lesquels s'est illustré Benveniste (grammaire comparée indo-européenne, linguistique iranienne, linguistique générale...).

Des papiers à la Bibliothèque nationale de France...

Conformément aux volontés du savant, la majorité des papiers de Benveniste sont conservés à la BNF. Transmis par Georges Redard en décembre 1976, ce fonds représente sept volumes reliés et vingt-huit boîtes d'archives conservés au sein de la collection « Papiers d'orientalistes » du département des manuscrits (cotés PAP. OR. 29 à 63). Ce legs a été complété en 1981 par le don de Jean Lallot, déjà signalé, correspondant à un manuscrit partiel et annoté du *Vocabulaire des institutions indo-européennes* (coté PAP. OR. 73).

Georges Redard a fait un nouveau don en 2004 de papiers ayant appartenu à Benveniste et qu'il se trouvait avoir encore en sa possession. C'est ainsi que, par l'intermédiaire d'Isabelle Szelagowski, assistante de Gérard Fussman[65], quatre cent neuf feuillets sur le « langage poétique » ont rejoint les collections du département des manuscrits et ont fait l'objet de la thèse de doctorat de Chloé Laplantine. Estampillés, classés et inventoriés, ces papiers ne sont pas encore catalogués et peuvent être demandés par leur numéro de don, soit *d. 04-29*.

Le dernier complément du legs initial a eu lieu en avril 2006 lorsque la veuve de Georges Redard a transmis un ensemble de papiers scientifiques de Benveniste par, une nouvelle fois, l'intermédiaire de Gérard Fussman qu'elle avait chargé du tri des papiers de son époux. Comme le précédent don, celui-ci n'est pas encore catalogué, mais a été inventorié (*d. 06-15*) et décrit conjointement, peu après son arrivée, par Irène Fenoglio et Chloé Laplantine. Monique Cohen, alors directrice du département des manuscrits de la BNF, les avait en effet autorisées à consulter dans son bureau les papiers – parmi lesquels des études de vocabulaire grec inédites – auxquels s'ajoutent deux négatifs en rouleau et une série de photographies de voyages[66].

Dans la lettre à Monique Cohen accompagnant le don, Gérard Fussman a indiqué avoir effectué un tri parmi les papiers de Georges Redard et avoir transmis au Collège de France quelques archives personnelles (dont des documents d'état civil), parallèlement au don destiné à la BNF. Dans sa réponse, la directrice du département lui a demandé, dans l'intérêt des chercheurs travaillant sur Benveniste, la liste des documents qu'il a destinés au Collège. En vain. Nous avons donc été conduite au service des archives du Collège de France sur les traces d'Irène Fenoglio qui avait commencé ses recherches par la consultation de ces papiers.

---

65. Professeur titulaire de la chaire du monde indien au Collège de France, élève et ami de Georges Redard.
66. En 2007, nous avons signalé l'arrivée de ces papiers au sein des collections de la BNF dans *Revue de la Bibliothèque nationale de France* (n° 27, p. 92).

D'autres au Collège de France...

Parce que Benveniste y a enseigné de 1934 – il suppléait alors Antoine Meillet (1866-1936) – jusqu'à son accident en 1969, le service des archives du Collège de France détient un dossier personnel comprenant soixante et une pièces diverses : documents administratifs, bibliographie, correspondance, rapports, programmes de cours, dossier de congé maladie, dossier de retraite, coupures de presse...

Le don de Mme Redard par l'intermédiaire de Gérard Fussman, venu compléter ces papiers en 2005, représente six boîtes d'archives. Transmis en plusieurs fois, les documents sont également très divers et les papiers de Benveniste s'avèrent parfois annotés par Georges Redard et mêlés aux siens[67]. C'est ainsi que l'on trouve un exemplaire de la biographie inachevée de Benveniste que Redard avait entreprise – annotée par Françoise Bader[68] qui travaillerait elle aussi à la rédaction d'une biographie du linguiste et qui a consulté ces papiers avant que Gérard Fussman ne les transmette aux archives.

Outre des archives personnelles, figurent parmi ces documents une longue liste de tirés à part (articles et comptes rendus) ainsi que des papiers scientifiques de première importance, notamment des carnets de notes attestant des recherches de terrain effectuées par Benveniste lors de ses voyages en Iran et en Afghanistan en 1947.

Précisons que les archivistes du Collège de France n'autorisent l'accès et la consultation de l'ensemble de ces papiers que sur dérogation de la direction des archives de France ; ils portent la cote *CDF 28*.

---

67. Ce qui nous incite à penser – sans que nous ayons encore eu l'occasion de le vérifier – que des papiers de Benveniste peuvent être restés parmi ceux de Georges Redard dont l'archive est aujourd'hui conservée aux Archives littéraires suisses, à Berne.

68. Spécialiste de grammaire comparée des langues indo-européennes, Françoise Bader est directrice d'études émérite à l'École pratique des hautes études (section des sciences historiques et philologiques).

... mais non à l'Institut Mémoires de l'édition contemporaine

Le catalogue de l'IMEC indique que sont conservées à l'abbaye d'Ardenne de Saint-Germain-la-Blanche-Herbe près de Caen, des notes de cours de Benveniste. De fait, il s'agit de notes prises par Georges Redard à trois cours de Benveniste : « Problèmes de syntaxe générale » (1949-1950), « Syntaxe des cas », « La flexion dans les langues indo-européennes » (1954-1955) et « Les pronoms » (1955-1956).

Des carnets à l'université de Fairbanks, en Alaska (États-Unis)

La bibliothèque Elmer E. Rasmuson de l'université de Fairbanks détient vingt-sept carnets d'enquêtes de Benveniste et des notes autographes concernant les langues amérindiennes d'Amérique du Nord (haïda, tlingit, eskimō...)[69]. Parmi les papiers du don de 2006 conservés à la BNF, figure toute une documentation (correspondance, certificats de don, inventaires) attestant que Georges Redard a fait don de ces documents en plusieurs fois : septembre 1991 (numéro d'inventaire : 91-180), avril 1992 (n° 92-058) et novembre 1992 (n° 92-223). L'inventaire personnel de Chloé Laplantine, qui s'est rendue en Alaska en 2005, fait état de 1 506 feuillets.

Si l'on peut aisément supposer qu'en expédiant les carnets là où ils avaient le plus de chances de rencontrer les compétences de chercheurs spécialisés Georges Redard pensait œuvrer au développement des études des langues concernées et contribuer au rayonnement du travail de Benveniste, il a, en allant à l'encontre des dispositions testamentaires de Benveniste, malheureusement contribué à l'éparpillement de ses papiers.

---

69. Sur cet aspect du travail de Benveniste, le lecteur pourra se reporter à l'article très informé de Georges Redard concernant « Les enquêtes d'É. Benveniste sur les langues indiennes de l'Amérique du Nord », *in* Jean Taillardat, Gilbert Lazard, Guy Serbat (eds.), *É. Benveniste aujourd'hui. Actes du colloque international du CNRS (université François Rabelais, Tours, 28-30 septembre 1983)*, coll. « Bibliothèque de l'Information grammaticale », Paris-Louvain, Peeters, 1984, t. II, p. 263-281.

POSTFACE

Émile Benveniste, le destin d'un savant

Tzvetan TODOROV

Arrivé à Paris de ma Bulgarie natale au printemps 1963, je me suis mis à chercher, dans le maquis pour moi à peine compréhensible des programmes universitaires, un cours portant sur les propriétés générales du langage. Je n'étais pas linguiste, mon intérêt principal était l'étude de la littérature, mais j'étais persuadé que pour faire avancer cette étude, il fallait comprendre mieux la matière verbale dont étaient faites les œuvres littéraires. Après quelques errements, j'ai découvert qu'un certain Émile Benveniste donnait un cours de linguistique générale au Collège de France, et je m'y suis rendu à l'automne de la même année. Il n'y avait pas de difficulté pour y assister, aucune inscription n'était nécessaire.

Nous étions peu nombreux dans la petite salle du Collège. Une porte latérale à côté de l'estrade s'est ouverte et un homme assez menu, portant d'épaisses lunettes, une liasse de papiers à la main, s'est placé devant nous. À aucun moment il ne nous a regardés ; au bout d'une heure, il a ramassé ses papiers, puis est parti par la même porte, toujours aussi discrètement. Sa voix était frêle, comme son corps, mais parfaitement audible. Son débit était assez lent, on pouvait noter tout ce qu'il disait sans même abréger les mots. Et l'on avait envie de le faire : tout en jetant une lumière neuve sur l'objet dont il traitait, son propos était d'une grande limpidité.

Tout comme les autres assistants, j'étais enchanté par cette expérience et, pendant plusieurs années, je suis revenu régulièrement dans les salles sombres du Collège. J'ai oublié le thème précis de ces cours, et je n'ai pas cherché à le retrouver, mais je sais qu'il n'avait aucun rapport avec mes intérêts littéraires. Pourtant, l'attrait qu'exerçait sur moi cette parole ne faiblissait pas. J'avais l'impression d'assister au déroulement exemplaire de la démarche scientifique, prudente et ferme à la fois, et d'être mis en même temps en présence d'un savant archétypique, discret, modeste, timide même, mais dont l'esprit s'élançait audacieusement. Pas de discours tonitruant, pas d'esbroufe, pas de poudre aux yeux : une connaissance précise des faits, un souci de clarté, une capacité de voir au-delà des apparences et de révéler le général par-delà le particulier.

En 1966, la parution du recueil *Problèmes de linguistique générale* a fait connaître le nom de Benveniste à un public sensiblement plus large, l'assistance du cours s'est étoffée, et nous avons probablement changé de salle. C'est à cette époque aussi que j'ai fait sa connaissance, peut-être par l'intermédiaire de Roman Jakobson que j'avais rencontré quelque temps auparavant ; mais je ne suis jamais devenu son intime. Mon admiration devant son travail se maintenait et, cette même année, j'ai publié dans la revue *Critique* une recension élogieuse de son livre, intitulée « La linguistique, science de l'homme ». Ce qui dans son œuvre m'attirait particulièrement était son attention pour les questions de sens et pour ce qu'il appelait l'énonciation – aspects du langage dont la pertinence pour les études littéraires me paraissait certaine. C'est dans ce contexte que je lui ai demandé de collaborer au numéro spécial de la revue *Langages*, consacré à « L'énonciation ». Ce texte, « L'appareil formel de l'énonciation », doit être l'un des derniers qu'il ait écrits.

Puis, en décembre 1969, est venue la mauvaise nouvelle : il avait subi une attaque cérébrale, il était hospitalisé, il avait perdu la parole. Je lui ai rendu plusieurs fois visite à l'hôpital, l'expérience était d'autant plus douloureuse que l'on se rendait rapidement compte de ce que son intelligence n'était pas détruite, il comprenait bien ce qu'on lui disait, et réagissait – mais sans mots. Son infirmité était ce que l'on appelait une aphasie d'expression. Je me souviens – cela devait se passer en 1971-1972 – que je lui parlais d'un travail que j'étais en train de faire et qui touchait au phénomène de l'euphémisme ; il s'est animé et m'a montré son recueil d'articles qui se trouvait à proximité. Quand je lui ai mis le livre entre les mains, il l'a ouvert à la page où commençait son texte « Euphémismes anciens et modernes »... Il essayait parfois d'écrire, avec des capitales d'imprimerie, mais cela lui était pénible.

Son état ne s'améliorant pas, il a fallu qu'il quitte l'hôpital. Sa plus proche parente, sa sœur Carmelia Benveniste, a commencé à chercher une maison de santé privée. Comme elle ne conduisait pas, je me suis mis à sa disposition avec ma petite voiture, et pendant une saison nous avons sillonné la région parisienne, en visitant divers établissements susceptibles de l'accueillir. Ces visites étaient assez déprimantes, les lieux étaient tristes, la vision de leurs pensionnaires guère encourageante, les amabilités des directeurs semblaient être de pure forme. J'ai ensuite perdu contact avec la famille. En 1975, j'ai participé aux deux volumes d'hommages qui lui étaient dédiés. Puis, un jour de 1976, j'ai appris son décès.

J'ai donc eu une connaissance directe de deux petits fragments de l'existence de Benveniste : je l'ai vu de loin, en train de professer son cours au Collège de France ; et de très près, à l'hôpital, alors qu'il ne pouvait plus parler. En dehors de ses écrits de linguistique générale, je n'étais pas familier de son œuvre, encore moins de sa vie. J'ai donc beaucoup appris en lisant la notice biographique qu'avait commencé à rédiger sur lui son collègue et ami Georges Redard (publiée ici même), ainsi que la chronologie établie par les responsables du présent volume[1].

La vie active de Benveniste se divise en deux périodes de longueur inégale, nettement distinctes, voire opposées.

Au cours de la première (1902-1927), son existence peut être qualifiée de marginale, incertaine, mouvementée. Né à Alep, en Syrie, de parents juifs, inspecteurs des écoles israélites, il les suit pendant quelques années dans leurs déplacements. À l'âge de onze ans, on l'envoie – seul ? – à Paris pour l'inscrire dans une école rabbinique. Ses parents travaillent à ce moment en Bulgarie – qui pourtant, à la différence de la Syrie, ne fait plus partie de l'Empire ottoman. Ils habitent à Samokov, petite ville de province. Sa mère y décédera en 1919, apparemment sans avoir revu son fils.

Il obtient son bac à seize ans (avec la note minimale – « passable »), mais semble déjà avoir contracté le virus linguistique,

---

1. Les citations qui ne proviennent pas de celui-ci sont tirées des deux recueils de Benveniste, intitulés *Problèmes de linguistique générale*, t. I, 1966 et t. II, 1974, abrégés en *PLG I* et *PLG II*.

grâce à un professeur enthousiasmant : il dresse la liste d'une douzaine de langues qu'il projette d'apprendre, s'inscrit aux cours de la Sorbonne, où il suit l'enseignement de Joseph Vendryes, et fréquente aussi le Collège de France, où professe Antoine Meillet, le maître pendant ces années de la grammaire comparée des langues indo-européennes. Ce qui attire l'adolescent vers cette matière aride, c'est le fait que, comme il le dira beaucoup plus tard (en 1968, dans *PLG II*, p. 11-12), ses démarches « étaient par nature rigoureuses et s'efforçaient toujours à une plus grande rigueur ». Mais ce ne sont pas là ses uniques intérêts, on le voit aussi attiré par des questions de littérature et de politique, quelques années plus tard il cosigne des articles dans *L'Humanité*, avec Henri Barbusse ou avec des membres du groupe surréaliste ; l'un d'entre eux s'intitule « La Révolution d'abord et toujours »... Il signe aussi un manifeste contre la guerre coloniale que mène la France au Maroc.

Tout au long de ces années, les moyens de subsistance de ce petit immigré semblent maigres. À l'école rabbinique, il est boursier. Pendant ses années universitaires, il aurait travaillé comme répétiteur dans un lycée. Une fois obtenue son agrégation (à l'âge de vingt ans), il enseigne pendant deux ans au collège ; ensuite, en 1924-1926, il part en Inde comme précepteur des enfants d'une famille riche. En 1926-1927 (il a acquis entretemps la nationalité française, et changé son nom d'*Ezra* en *Émile*), il doit accomplir son service militaire : on l'envoie au Maroc, où fait rage cette guerre qu'il avait condamnée peu de temps avant.

Le changement se produit en 1927. Il est alors élu directeur d'études à l'École pratique des hautes études, chaire de grammaire comparée, et à partir de ce moment sa carrière se poursuit sans heurt. Il soutient sa thèse en 1936, devient professeur au Collège de France en 1937. Depuis 1920 déjà, il est un des membres les plus assidus de la Société linguistique de Paris ; il devient rédacteur de son *Bulletin* et il y publie des dizaines d'articles et de comptes rendus. Il sera aussi membre de diverses autres sociétés et associations savantes, et élu à l'Institut de France en 1960. Entre 1931 et 1967, il participe à tous les congrès internationaux de linguistique, mais aussi à de nombreuses autres rencontres savantes. Il a réalisé son projet d'apprendre plusieurs langues. Figurent parmi elles le celtique, le latin (archaïque), le sogdien, l'iranien (ancien), le hittite, le tokharien, le sanscrit, l'arménien, le grec ancien, le germanique, le baltique... Au cours d'un séjour en Iran et en Afghanistan, il se plonge dans l'étude de cinq langues pamiriennes. Pendant un autre voyage d'études, en Amérique du Nord, il se passionne pour deux langues indiennes de la famille athapaske, le haïda et le tlingit. Il maîtrise d'autre part quelques langues européennes modernes, comme l'anglais ou l'allemand, l'italien ou l'espagnol.

La seule perturbation dans cette carrière brillante intervient pendant la guerre. Benveniste est mobilisé dès le début. Fait prisonnier en 1940, il s'évade de son camp dans les Ardennes un an et demi plus tard, se réfugie dans la zone non occupée, et de là parvient à fuir en Suisse, où il travaille à la bibliothèque de Fribourg. Il rentre à Paris au lendemain de la Libération, pour trouver son appartement dévasté et apprendre que son frère aîné, arrêté dans la rafle du Vel' d'Hiv', a été déporté à Auschwitz, d'où il n'est pas revenu. On ne trouve jamais aucune mention de ces événements tragiques dans les écrits publiés de Benveniste, ni une trace quelconque dans les thèmes de son travail après la guerre.

La dernière période, 1969-1976, est celle de son enfermement dû à la maladie. À ce que j'en savais déjà s'ajoutent quelques informations peu flatteuses concernant le système hospitalier français. Il semble que, si l'on s'en était donné la peine, une certaine rééducation aurait été possible, surtout au cours de la première année après l'attaque ; elle n'a pas vraiment été tentée. D'autre part, les impressions qu'ont laissées aux visiteurs de Benveniste les maisons de santé successives où il a séjourné (neuf en tout) sont déplorables et indignes d'un pays aussi riche que la France : vétustes, bruyantes, négligées – et pourtant assez chères.

L'impression globale qui se dégage de cette vue d'ensemble sur la trajectoire de Benveniste est celle d'une existence consacrée, pendant près de quarante ans (de 1927 à 1940 puis de 1944 à 1969), à une passion exclusive, la connaissance du langage. Il est entré en science comme on entre dans les ordres religieux, corps et âme : c'est plus qu'une vocation, un sacerdoce. Tout se passe comme si, à l'intérêt qu'il porte aux langues et au langage, s'était ajouté un sentiment de devoir, de reconnaissance envers cette profession qui l'a arraché aux incertitudes matérielles et lui a accordé une dignité et un prestige remarquables, à lui, le petit juif pauvre émigré en France, venu, sans ses parents, de son pays oriental. Le travail, pour lui, est donc à la fois une passion et un devoir. Il n'a pas d'amis en dehors du cercle de ses collègues, ne prend jamais de vacances. Quand il quitte sa table de travail, c'est pour aller participer à une rencontre savante ou encore pour se rendre « sur le terrain » et décrire des langues qui n'ont jamais été étudiées. Après avoir eu un infarctus, en 1956, il ne se plaint à ses proches que de sa capacité de travail diminuée : « Le plus pénible est l'interdiction de travailler. Je paie cher un long surmenage. » Puis : « Je ne puis travailler que deux ou trois heures par jour. » Ou encore : « Je travaille un peu, mais vraiment peu. » Trois ans après son accident, il écrit encore : « Ma faculté de travail se restaure lentement. »

On a la chance de disposer de quelques narrations un peu plus personnelles écrites au cours des voyages d'étude qu'il accomplit sur la côte nord-ouest du continent américain. Le travail y occupe toujours une grande place. En 1952, il séjourne dans les îles de la Colombie-Britannique. « Je travaille tous les jours avec quelques vieillards [...]. La vie matérielle d'un Blanc isolé [...] pose à chaque instant quantité de problèmes, et c'est une grande gêne pour mon travail » : là encore, c'est la seule souffrance dont il se plaigne. Un an plus tard, il se rend dans le territoire du Yukon, au Canada. « Pendant tout cet été, je n'ai guère laissé passer un jour sans travailler avec l'un ou l'autre de mes informateurs. Il fallait utiliser au maximum la chance que j'avais... » Il visite un jour la cité de Whitehorse, la « métropole du Yukon », et découvre à son désespoir que les informateurs manquent au rendez-vous et que l'autobus n'y passe que deux fois par semaine. « La rage me prend à l'idée qu'il faudra passer deux jours désœuvré ici. » L'enfer comparé au paradis qu'il a vécu quelques semaines plus tôt, « travaillant du matin au soir à recueillir des formes et des phrases, ivre de ce travail épuisant et nouveau. » Il finit cependant par découvrir, au cours de quelques rares moments, une alternative au travail : ce sera un sentiment de communion avec la nature. Au bord du Yukon, « l'intense poésie du fleuve aux berges crayeuses, coulant parmi les feuillages inclinés d'un mouvement vif et puissant, m'a lentement pénétré et a effacé l'humeur maussade qui m'avait envahi. »

Le savant enivré de travail tient de l'artiste, du créateur. Au début du XXe siècle, Rilke (auteur chéri par Benveniste au cours de sa jeunesse) croyait y avoir découvert le secret d'une vie d'artiste. C'était la leçon qu'il avait apprise de Rodin dès leurs premières rencontres ; il lui écrira plus tard : « Je suis venu chez vous pour vous demander : comment faut-il vivre ? Et vous m'avez répondu : en travaillant. » Il s'aperçoit ensuite que c'est également l'opinion de Cézanne : « Je crois qu'il n'y a rien de mieux que le travail. » Évidemment, un tel choix entraîne des sacrifices : le créateur ne peut consacrer beaucoup de temps à ses relations avec les autres êtres humains, il est condamné à la solitude. Mais faut-il le regretter ? Beethoven, autre artiste que cite Rilke, aurait dit : « Je n'ai pas d'ami, je dois vivre seul avec moi-même ; mais je sais que, dans mon art, Dieu est plus près de moi que des autres. »

Le savant, lui aussi, peut chercher à s'imposer cette ascèse, afin de pouvoir aller plus loin dans sa recherche. Le prix à payer, de nouveau, est une grande solitude humaine. La formule de Kierkegaard, recopiée par Benveniste dans ses papiers et mise en épigraphe à l'introduction du présent volume, n'a pas frappé son esprit par hasard : il y est question des « hommes célibataires, solitaires, qui ne vivent que pour une idée ». Benveniste écrit à propos de Saussure, dont le destin l'a beaucoup préoccupé : « Il y a chez tout créateur une certaine exigence, cachée, permanente, qui le soutient et le dévore, qui [...] ne lui fait pas trêve quand il tente de lui échapper » (*PLG I*, p. 33). Ces paroles semblent le décrire lui-même, et l'expérience qu'elles évoquent ressemble autant à un don qu'à une malédiction. L'un de ses plus proches amis décrit « le Benveniste de toujours » comme un homme « claquemuré en lui-même, secret quant à ses sentiments et n'aimant pas déranger autrui » ; lui-même évoque ses « méditations solitaires ». On ne trouve pas non plus dans ses écrits des traces de ses intérêts littéraires, de ses goûts artistiques, de ses opinions politiques. Il s'intéresse à toutes les langues et à tout le langage – mais à rien d'autre. Le spécialiste de la communication humaine s'y est singulièrement peu adonné.

Les études scientifiques de Benveniste se répartissent, à mes yeux, en trois grands secteurs. Le premier est celui de sa discipline d'origine, la grammaire comparée et l'étude des langues indo-européennes. C'est en effet un postulat pour lui que « la réflexion sur le langage n'est fructueuse que si elle porte d'abord sur les langues réelles » (*PLG I*, p. 1). Il consacre donc de nombreuses études à plusieurs d'entre ces langues, en particulier le hittite, le sanscrit, l'iranien, le grec ancien, le latin, le français, ainsi qu'à leur comparaison. Il n'existe probablement plus d'individu au monde possédant un savoir aussi vaste dans ce domaine. Mais il insiste aussi beaucoup sur la nécessité d'étudier toutes les langues, quelle que soit l'extension de l'aire où elles sont pratiquées ou le rôle qu'elles ont joué dans l'histoire : du point de vue linguistique, les langues indo-européennes ne disposent d'aucun privilège. Aucune langue n'est plus « primitive » qu'une autre, et chacune révèle une nouvelle facette de l'esprit humain. Leur connaissance n'a pas besoin d'une justification pratique, l'étude de l'être humain trouve sa fin en elle-même, elle fait partie de la vocation même de notre espèce.

Le second domaine est celui de l'histoire des idées et des mentalités, étudiée à travers les langues et, plus spécifiquement, à travers le vocabulaire. Les recherches de Benveniste portant là-dessus ont été publiées, notamment, dans les deux tomes de son *Vocabulaire des institutions indo-européennes*, de 1969, et dans les sections intitulées « Lexique et culture » de ses *Problèmes de linguistique générale*. La langue permet de saisir la culture d'une population à un moment donné, car la pensée se coule dans des mots ; or les saisies du monde qui s'opèrent à travers chaque langue ne se ressemblent pas. « Le langage reproduit le monde, mais en le soumettant à son organisation propre » (*PLG I*, p. 25). La confrontation des langues est donc instructive, non seulement pour connaître le passé, mais aussi pour mieux comprendre des catégories de pensée dont on continue de se servir chaque jour, comme le montrent les exemples, analysés par lui, de « civilisation », « culture », « rythme », « don », « échange », « science » ou « cité ». Ces études de Benveniste, qui témoignent d'un mariage heureux entre savoir et intelligence, n'ont rien perdu de leur actualité. Le lecteur du présent volume en trouve un exemple suggestif dans les pages consacrées ici aux concepts de « lire » et d'« écrire ».

Enfin le troisième grand domaine qu'aborde Benveniste (et le seul dans lequel je connais l'ensemble de ses contributions) est celui de la linguistique générale, c'est-à-dire de la théorie du langage, telle qu'elle peut être construite au-delà de l'étude de chaque langue particulière. Ce qui ne veut pas dire : en ignorant cette dernière étude. « Le linguiste a besoin de connaître le plus grand nombre possible de langues pour définir le langage » (*PLG II*, p. 30). Sinon, il risque d'ériger naïvement les catégories de sa propre langue en modèle universel. Pour échapper à ce piège, Benveniste, qui connaît pourtant de nombreuses langues autres que le français, décide, au début des années 1950, de se confronter directement à des langues totalement étrangères à la famille indo-européenne, et d'entreprendre ses deux séjours prolongés dans le Nord-Ouest du continent américain, où il étudie deux langues amérindiennes. C'est là un geste assez remarquable : aucune contrainte externe ne pousse le professeur du Collège de France à rompre sa quiétude et à abandonner son confort pour aller passer de longs mois au milieu des populations miséreuses de la Colombie-Britannique et du Yukon. Mais puisque le but de sa vie est de promouvoir la connaissance, et qu'il est d'autre part convaincu que celle-ci exige la comparaison entre spécimens aussi différents que possible les uns des autres, il n'hésite pas à se lancer dans l'aventure.

La comparaison à laquelle il était habitué jusque-là était celle entre langues proches, issues de la même matrice, dont on pouvait supposer – et illustrer – la ressemblance. La comparaison radicale, ou confrontation, à laquelle il se livre maintenant est tout autre : c'est la différence entre la langue que l'on étudie et sa propre langue qui est éclairante. Il procède en cela comme l'ethnologue qui a pour ambition de décrire une société étrangère, le contraste entre le distant et le familier lui permettant de mieux voir les autres et, en même temps, de se découvrir soi-même. Mais il serait alors un ethnologue de l'espèce universaliste : partir des différences lui permet de mieux asseoir sa conception de ce qu'est le langage en général.

Les « problèmes » que traitent les études réunies dans les deux recueils de Benveniste sont nombreux et variés. Une constante peut néanmoins être observée : le langage n'est pas pour lui une caractéristique humaine parmi d'autres, il est à la base de toutes les catégories et institutions caractéristiques de notre espèce. Il n'existe pas de pensée indépendante du langage : « Nous pensons un univers que notre langue a d'abord modelé » (*PLG I*, p. 6). « La possibilité de la pensée est liée à la faculté du langage, car [...] penser, c'est manier les signes de la langue » (*PLG I*, p. 74). Sans le langage, ou plus généralement sans ce que Benveniste appelle « la faculté symbolisante » ou « la capacité représentative d'essence symbolique », l'abstraction est impossible, tout comme l'imagination créatrice (*PLG I*, p. 26). Là réside, pour lui, la différence irréductible entre hommes et animaux. C'est pourquoi il peut dire aussi : « L'homme n'a pas été créé deux fois, une fois sans langage, et une fois avec le langage » (*PLG I*, p. 27) : l'homme se distingue définitivement des singes à partir du moment où il commence à parler. « Nous n'atteignons jamais l'homme séparé du langage et nous ne le voyons jamais l'inventant. [...] Le langage enseigne la définition même de l'homme » (*PLG I*, p. 259).

Il en va de même de la société : on ne peut concevoir la communauté humaine sans échange verbal entre ses membres. Toute société a une culture, c'est-à-dire un ensemble de représentations et de règles communes, qui se manifeste par le langage. Benveniste va plus loin : en un certain sens, la langue inclut la société, car elle permet de la décrire et de l'interpréter (elle est l'*interprétant* de tous les systèmes symboliques propres à l'espèce humaine). « La société devient signifiante dans et par la langue, la société est l'interprété par excellence de la langue » (*PLG II*, p. 96). En même temps, sans le langage, pas de *sujet* humain. « C'est dans et par le langage que l'homme se constitue comme *sujet* [...]. Cette "subjectivité" [...] n'est que l'émergence dans l'être d'une propriété fondamentale du langage. Est "ego" celui qui *dit* "ego" » (*PLG I*, p. 259-260). La catégorie de la personne en dépend à son tour. Benveniste se propose d'étudier la « subjectivité dans le langage », la présence de l'homme dans ses énoncés verbaux, mais il affirme en même temps, et non moins fortement, le « linguistique dans le sujet », la présence du langage dans tous les actes et attitudes humains.

Ces thèses, dont Benveniste est un défenseur éloquent, ne sont pas nées avec lui, il les partage avec d'autres penseurs contemporains. Il existe en revanche un autre thème de linguistique générale où il fait œuvre de pionnier : c'est l'étude de cet aspect du langage qui permet aux individus de s'emparer du code linguistique abstrait et de le mettre au service de leurs échanges.

Pour commencer à formuler cette problématique, Benveniste s'est vu obligé de soumettre à l'examen critique la pensée de sa figure tutélaire, Ferdinand de Saussure, dont l'œuvre lui est pourtant si chère. Il est vrai que, dès 1939, il avait rejeté l'idée saussurienne d'un arbitraire du signe linguistique ; mais il ne continuait pas moins de se réclamer de l'héritage du maître. Cette fois-ci, il met en question l'une des distinctions fondamentales de Saussure, celle entre langue et parole. Pour le linguiste genevois, la parole n'est qu'une actualisation de la langue, c'est le donné empirique à partir duquel il faut extraire et construire un objet de connaissance, ce qu'il appelle justement la langue.

La parole, telle que l'on peut l'entendre dans l'échange quotidien, n'a pas d'intérêt en soi, pas plus que les mille et une manières de prononcer le mot « maison » n'affectent son identité et n'ont pas à retenir longuement l'attention du linguiste : il s'agit toujours du même mot « maison », une abstraction certes, mais qui seule mérite d'être étudiée. Il en va de même d'autres désignations parallèles du même rapport, ainsi celles pratiquées dans les années 1920 et 1930 au sein du Cercle linguistique de Prague, ou celles de « code » et de « message », adoptées par son ami Jakobson dans les années 1950.

Avec le passage du temps, Benveniste arrive à la conclusion qu'une telle conceptualisation fausse la réalité linguistique et qu'il faut, sur ce point, abandonner la conception structuraliste, celle de Saussure et Jakobson. Il rejoint dans cette critique le penseur russe Mikhaïl Bakhtine, dont il ne pouvait connaître les travaux, engagés depuis la fin des années 1920, et qui se présentaient à leur tour comme une critique de Saussure et des formalistes russes, coupables de concevoir la langue comme un code. La parole (terme dont Benveniste se servira peu) n'est pas la simple actualisation de la langue, son étude exige un changement de perspective et la constitution d'une nouvelle subdivision de la linguistique – car la nouvelle perspective crée un nouvel objet de connaissance.

Cette découverte se produit en deux temps. Au cours du premier, qui se situe dans les années 1950, Benveniste commence à répertorier toutes les formes linguistiques qui se réfèrent aux éléments du contexte dans lequel certaines phrases sont prononcées ou écrites. En effet, à côté des termes dont le sens ne dépend pas du cadre dans lequel ils sont énoncés, il en est d'autres qui s'y réfèrent directement. Ainsi, pour commencer, les pronoms personnels, « je » et « tu », qui désignent non des abstractions, mais celui qui parle et celui à qui l'on s'adresse. Ainsi la *deixis*, pronoms démonstratifs comme « ceci » ou « cela », adverbes comme « ici » et « maintenant », dépendant du moment et du lieu de l'énonciation. Ainsi les temps du verbe, organisés toujours à partir de l'axe du présent, un temps qui se définit, justement, comme celui où se produit le discours. Ainsi encore des verbes qui désignent, non le monde, mais l'attitude du locuteur envers son propre énoncé, comme « je crois que... » ou « je suppose que... » Ainsi enfin les verbes dits « performatifs », comme « je jure » ou « je promets », qui, par leur énonciation, réalisent l'action qu'ils signifient. Tout cela constitue ce que Benveniste appelle « la subjectivité dans le langage » ou « l'appareil formel de l'énonciation » : les traces laissées par l'instance du discours à l'intérieur de l'énoncé, qui témoignent de l'ancrage du code linguistique dans l'échange verbal, donc de la manière dont la langue se convertit en discours.

Le second temps est celui des dernières recherches de Benveniste, à partir de 1964. Cette fois-ci, le changement est plus radical. Il ne suffit plus de dire que les hommes concrets ont le moyen de s'introduire dans le langage ; Benveniste affirme maintenant qu'il s'agit de deux objets autonomes, et donc de deux disciplines distinctes. La linguistique conçue par Saussure et les structuralistes est une linguistique de la langue ; celle dont il formule les principes et le projet serait une linguistique du discours. Pour Benveniste, on confond sous le même vocable « langue » deux réalités bien distinctes. D'un côté, la langue comme répertoire, ou inventaire, de mots et de formes grammaticales possibles, ce que l'on peut trouver dans un dictionnaire et dans un manuel de grammaire, avec ses énumérations de formes conjuguées ou de déclinaisons : ce que l'on mémorise en apprenant une langue étrangère. Et, de l'autre côté, la langue comme production, comme enchaînement toujours nouveau des mots au sein des phrases, et des phrases au sein des discours, un événement chaque fois unique, donc, dont le but est d'articuler une pensée et une intention. Il provoque non plus la reconnaissance d'une forme (« je connais ce mot »), mais la compréhension d'un sens (« je comprends ce que tu veux dire »). Les opérations typiques de chacun de ces deux objets sont, d'un côté, la substitution, de l'autre la connexion. On retrouve ici l'opposition saussurienne entre paradigme et syntagme, comme celle de Jakobson entre « deux axes du langage », mais rendue beaucoup plus radicale, puisque maintenant se trouve affirmée l'autonomie des deux objets et des deux disciplines.

La claire distinction des deux perspectives permet d'éclairer certaines questions fréquemment débattues. La traduction parfaite est-elle possible ? Pas toujours entre les langues considérées comme répertoire, puisque chacune découpe le monde à sa manière ; en revanche, il est toujours possible d'exprimer la même pensée dans une langue différente. La peinture est-elle un langage ? Oui, en tant que discours, puisqu'un tableau peut nous transmettre une pensée ou un sentiment ; mais non en tant que langue, car elle ne dispose pas d'un répertoire de signes reconnaissables par tous. On pourrait ajouter, à l'inverse (l'exemple n'est pas de Benveniste), que l'enseignement des langues étrangères en France souffre de ce qu'on les apprend comme des répertoires (on mémorise vocabulaire et règles de grammaire), non comme une production de sens, donc comme moyen d'échange entre sujets vivants.

La conversion de la langue en discours s'opère d'abord par la combinaison des mots en phrases, au cours de laquelle le sens potentiel de chaque terme se concrétise et transforme. Ce processus se prolonge par l'enchaînement de plusieurs phrases au sein d'un même texte (ou discours), où chaque phrase nouvelle peut contribuer à préciser ou modifier le sens de celle qui précède. De plus, la même phrase peut prendre des sens différents selon le contexte de son énonciation : qui la dit, à qui, où, quand, comment (« Si Dieu est mort tout est permis » n'a pas le même sens chez Dostoïevski et Nietzsche). Cette « conversion » est donc un mouvement progressif, qui connaît plusieurs degrés et plusieurs étapes. L'interprétation des discours et des textes ne relève plus de la seule compétence du linguiste, puisqu'elle convoque en même temps le savoir de l'historien et la perspicacité de l'exégète.

L'œuvre de Benveniste dans le domaine de la linguistique générale, telle que nous pouvons la connaître aujourd'hui, produit une double impression. D'une part, une série d'intuitions remarquables, d'aperçus nouveaux, d'idées prometteuses ; de l'autre, un sentiment d'inachèvement, de fragmentation, d'absence regrettable de synthèse, malgré quelques tentatives dans ce sens au cours des dernières années, telles ses études « La forme et le sens dans le langage » (1966) ou « Structure de la langue et structure de la société » (1968). On se met à penser que s'appliquent à Benveniste les formules, par lui citées, qu'emploie Meillet au moment de la mort de Saussure : « Ses disciples ont le sentiment qu'il n'a pas, à beaucoup près, tenu dans la linguistique de son temps la place que devaient lui valoir ses dons géniaux » ; d'où le sentiment qu'il « n'avait pas rempli toute sa destinée » (*PLG I*, p. 44-45).

Cependant, quelques années plus tard, les disciples de Saussure publiaient, à partir de ses notes et de celles de ses étudiants, son *Cours de linguistique générale*, qui allait infléchir l'évolution de la discipline pendant des décennies. Or rien de tel ne pourra se produire avec Benveniste. Lui-même raconte les circonstances qui ont présidé à la tenue du *Cours* : Saussure, qui enseignait la grammaire comparée, avait beaucoup d'idées en linguistique générale, mais peinait à les formuler. Puis, en 1907, « il a été contraint, pour suppléer un collègue qui avait pris sa retraite, de donner un cours d'introduction générale à ses étudiants » (*PLG II*, p. 15). C'est donc par obligation, et à contrecœur, que Saussure a systématisé ses idées et leur a donné une forme compréhensible pour les non-spécialistes, ses étudiants débutants. Tel est le secret du succès durable de son cours.

Or personne n'a contraint Benveniste de donner un tel cours : lui-même est professeur au Collège de France, et heureux de l'être, parce qu'il y dispose, dit-il dans un entretien, « d'une liberté complète » et qu'il n'a aucune responsabilité à l'égard de ses auditeurs. Il lui est même, en quelque sorte, interdit de faire cours, puisque ses leçons ne doivent jamais être répétées (*PLG II*, p. 27). Par écrit, Benveniste n'éprouve pas davantage le besoin de transformer ses interventions ponctuelles en vue d'ensemble cohérente : lorsqu'il réunit ses textes dans le premier volume des *Problèmes de linguistique générale*, il précise dans l'« Avant-propos » : « Nous nous sommes à dessein abstenu de toute intervention rétrospective dans la présentation comme dans les conclusions... » (*PLG I*, p. II). Comment ne pas regretter cette décision que rien ne lui imposait ?

Lui-même n'est pas satisfait de ce qu'il a accompli. À un ami, dans les années 1950, il écrit qu'il « voudrait avoir une nouvelle vie pour la remplir » ; quelques années plus tard, il se surprend à méditer « sur le peu réalisé de tout ce que j'espérais faire ». Pouvons-nous aujourd'hui, trente-six ans après sa disparition, discerner les causes de l'impossibilité dont il fait état ? On peut remarquer que, comme presque tous les savants de son temps, Benveniste vit avec un idéal assez austère de la science, l'empêchant de traverser ce qu'il juge être ses frontières, pour lui permettre d'y introduire des éléments extérieurs, historiques ou politiques, littéraires ou philosophiques. Il est un peu paradoxal de voir que le théoricien de la « subjectivité dans le langage » s'en tient, dans ses écrits, à une approche strictement objective : il parle toujours et seulement du langage, jamais de lui-même, ni de ce qui l'a conduit à penser de la manière dont il le fait.

En même temps, comment ne pas relever l'application avec laquelle Benveniste se soumet à toutes les exigences qui lui paraissent inhérentes à la profession scientifique ? Le jeune immigré devient une incarnation exemplaire du savant professionnel. Pourtant, une autre lettre témoigne de ce qu'il n'en éprouve pas toujours une complète satisfaction : « Les écrits de circonstance occupent tout mon temps », se plaint-il. Ce ne sont pas seulement les nombreux comptes rendus ou rapports, mais aussi des réunions hebdomadaires ou mensuelles, des colloques et des congrès, des associations et des sociétés savantes, des travaux de coordination et d'organisation. Benveniste s'acquitte scrupuleusement de ce qu'il considère comme ses obligations, ou peut-être comme un prix à payer pour la reconnaissance qu'il a reçue ; mais du coup il n'est jamais disponible pour un travail de longue haleine, qui couronnerait ses recherches de plusieurs décennies, et doit se contenter de ces études dispersées, porteuses d'aperçus fulgurants, mais fragmentaires et répétitives. Son enseignement si peu contraignant, au Collège, ne l'aide pas non plus dans ce sens. Tout se passe comme si le rituel de la science, tel qu'il était pratiqué en son temps, avait contribué à endommager l'œuvre du savant.

Il nous reste aujourd'hui à lire les textes d'Émile Benveniste, le plus grand linguiste français du XXᵉ siècle, et à rêver aux chemins dont il nous indique l'existence.

Index

Les index des noms de personnes et des notions renvoient au texte des *Dernières Leçons* que nous avons établi des cours de Benveniste ainsi qu'à notre introduction.

Index des noms de personnes

A

Aristote 50, 115

B

Baudelaire Charles 143
Bloomfield Léonard 139-140
Bréal Michel 41

C

Cohen Marcel 41
Coquet Jean-Claude 44

E

Engler Rudolf 142
Eschyle 122

G

Godel Robert 72
Goethe Johann Wolfgang von 122
Greimas Algirdas Julien 44

H

Hamp Éric Pratt 139-140
Hérodote 114
Homère 122, 124, 127

J

Jakobson Roman 44, 49
James William 63

K

Kierkegaard Sören 41

L

Locke John 61

M

Meillet Antoine 41, 56
Merleau-Ponty Maurice 49

P

Panofsky Erwin 143
Paris Gaston 41
Paul (saint) 128
Paulhan Frédéric 47
Peirce Charles Sanders 61-69, 77, 92, 95
Platon 117-118, 125
Pos Hendrik Josephus 49

R

Redard Georges 55
Ruwet Nicolas 47

S

Sapir Edward 78
Saussure Ferdinand (de) 44-45, 47-48, 54, 61-62, 67-68, 71-73, 77, 79, 81, 87, 91-92, 95, 132, 142-143
Schmitt Alfred 97
Sebeok Thomas Albert 44

V

Vendryes Joseph 41

Index des notions

A

Abstraction 92-94
Abstrait (système) 68
Akkadien 104
Alphabet grec 107, 109
Alphabétisation 108
Altérité 79
Anisomorphie 78
Arbitraire 68, 73
Auto-sémiotisation 113

B

Bible 115, 125

C

Comprendre 135
Convertibilité 78-79

D

Dénomination (systèmes de) 79
Désignation 121
     systèmes de — 79

Dialogue 79, 93
Discours 41, 45-48, 131-132

E

Écrire 121-122, 127, 133
Écriture 43-44, 51, 67-68, 78, 91-92, 101, 103, 113-114, 121-122, 124-125, 131-133
    — alphabétique 113, 131
    — chinoise 102-103
    — cunéiforme 104
    — hiéroglyphique 106
    — runique 128
    — sémitiques alphabétiques 108
    — signe de la réalité 98
    — sumérienne 104
    — système formel 111
    acquisition de l'— 94
    système d'— 86, 92
Engendrement (relation d') 78, 143
Énoncer (s') 49, 133
Énonciation
    — publique 129

acte d'— 41-42, 50, 142, 144
Entendre 127, 133
État de choses 49
Expérience 49

F

Fonction 77
    — représentative 115

G

Graphē, phōnē 92, 117, 119, 134
Graphique
    signe — 103, 106
    unité — 107-108

H

Homologie (relation d') 143

I

Icône 99
Iconique (représentation, signe) 95, 97, 102
Iconiser 115
Il 51, 79
Image 82, 87, 94, 97-98, 106, 113-114
Institution 67
Intégration 49
Intenté 48-51
Interprétance 51, 68, 143
Interprétant — interprété (rapport) 79-80, 86, 113, 131, 143
Interprétation (rapport d') 77

J

Je/tu 79

L

Langage 48-49, 51
    — intérieur 94-95, 114, 129
    acte de — 49
Langue 45, 47, 49, 60, 135
    — discipline sémiologique 71, 73
    — et écriture 90, 113-114, 131
    — système d'expression 83
    — système de signes 142-143
    — *vs* langage 67
    rapport langue — société 81, 83
Langues 48
Linguistique
    — générale 60
    signe — 132, 142
    système — 132
    unité — 107
Lire 127-128, 133

M

Main, œil 132
Message 98, 114
Mot 47, 65, 94
Musique 75, 77-78, 82, 87, 119-120

N

Nous 50-51
Nuntial 51

O

Objectivation 113

P

Parler 127
Parole 67, 78, 93, 100, 114, 125, 131, 142
    — primaire 110
    — secondaire (l'écriture) 110, 131
    exercice de la — 93
Pensée, société 141
Phénoménologie 49-50
Phrase 47-50, 142-143
Pictogramme, pictographie 99, 102-103, 133
Pragmatisme 63

R

Réalité (réel) 49-50, 98, 115
Reconnaître 135, 143
Référent 100, 115
Représenter 114-115, 132

S

Sandhi 110
Scribe 122
Sémantique (le) 47-50, 109, 114, 144
Sémiologie 61, 146
    — de la langue 43, 135, 146
    — science des signes 61, 68
    — science nouvelle (Saussure) 142
Sémiologique (système) 79-82
Sémiotique
    — de Peirce 63
    couple sémiotique — sémantique 43-44, 47, 50-51
    fonction — 90
    fonctionnement 143
    le — 47-48, 50, 114, 143-144
    système — 85-86, 92
    unité — 87, 102
Sémiotiques (systèmes) 77-78, 85-86
Sémiotiser (se) 113, 115, 132
Sens 139-140, 144, 146
Signal 73, 87
Signe 47-48, 60-61, 67-69, 71-73, 81-82, 85, 87, 92-93, 101-102, 141-143
Signes (système de) 68-69
Signifiance 47-48, 60, 87
Signifiant, signifié 85, 87, 92, 132
Signification 87, 121, 141-142
Signifier 60-61, 125
Société 92, 141
Sujet (linguistique) 49
Syllabaire (système) 108
Syllabes (segmentation en) 108
Syllabique (écriture) 110
Syntagmation 48
Syntaxe 47-48
Système
    — primaire (parole) 132-133
    — secondaire (écriture) 132-133

T

Terme 72-73
Traduire 115

V

Vécu 49
Verbe 49-50
Vérité (rapport de) 50
Voix, oreille 132

Table des illustrations

Illustr. 1. Émile Benveniste, photographie de Serge Hambourg, parue dans *Le Nouvel Observateur*, n° 221, 1968   8

Illustr. 2. Première page du programme du symposium de Varsovie de 1968 46

Illustr. 3. Première page de la chemise correspondant à la première leçon 52

Illustr. 4. Première page de la chemise correspondant à la neuvième leçon 53

Illustr. 5. Première page de la chemise cartonnée contenant les quinze sous-chemises correspondant aux quinze leçons de l'année 1968-1969 58

Illustr. 6. Premier feuillet des notes d'Émile Benveniste pour le premier cours au Collège de France de l'année 1968-1969 (PAP. OR., boîte 40, env. 80, f° 4) 59

Illustr. 7. Note d'Émile Benveniste (PAP. OR., boîte 40, env. 80, f° 22) 64

Illustr. 8. Note d'Émile Benveniste (PAP. OR., boîte 40, env. 80, f° 28) 72

Illustr. 9. Note d'Émile Benveniste (PAP. OR., boîte 40, env. 80, f° 33) 74

Illustr. 10. Note d'Émile Benveniste (PAP. OR., boîte 40, env. 80, f° 38) 78

Illustr. 11. Note d'Émile Benveniste (PAP. OR., boîte 40, env. 80, f° 46) 80

Illustr. 12. Note d'Émile Benveniste
(PAP. OR., boîte 40, env. 80, f° 56) 86
Illustr. 13. Note d'Émile Benveniste
(PAP. OR., boîte 40, env. 80, f° 58) 88
Illustr. 14. Plan pour le cours « La langue et l'écriture »
(BNF, PAP. OR., boîte 40, env. 80, f° 88) 90
Illustr. 15. Dessin d'un auditeur reproduisant fidèlement
celui de Benveniste (présent dans ses notes, mais
peu lisible) repris par lui au tableau lors de son cours .. 99
Illustr. 16. Idem 99
Illustr. 17. Pictogrammes de l'ancienne langue chinoise
reproduits par Émile Benveniste
(PAP. OR., boîte 40, env. 80, f° 127) 103
Illustr. 18. Dessin d'un auditeur reproduisant fidèlement
celui de Benveniste (présent dans ses notes, mais
peu lisible) repris au tableau lors de son cours 104
Illustr. 19. Alphabet cunéiforme achéménide transcrit
par Benveniste (archives du Collège de France,
cote CDF 28/18) 105
Illustr. 20. Note d'Émile Benveniste
(PAP. OR., boîte 40, env. 80, f° 119) 111
Illustr. 21. Note d'Émile Benveniste
(PAP. OR., boîte 40, env. 80, f° 136) 116
Illustr. 22. Note d'Émile Benveniste
(PAP. OR., boîte 40, env. 80, f° 150) 118
Illustr. 23. Note d'Émile Benveniste
(PAP. OR., boîte 40, env. 80, f° 157) 123
Illustr. 24. Manuscrit d'Émile Benveniste
(PAP. OR., boîte 40, env. 80, f° 208) 130
Illustr. 25. Schéma d'Émile Benveniste
(PAP. OR., boîte 40, env. 80, f° 166) 133
Illustr. 26. Note d'Émile Benveniste
(PAP. OR., boîte 40, env. 80, f° 215) 134
Illustr. 27. Note d'Émile Benveniste
(PAP. OR., boîte 58, env. 249, f° 154) 141
Illustr. 28. Notes d'Émile Benveniste
(PAP. OR., boîte 58, env. 249, f°^{s} 149 et 150) 145
Illustr. 29. Note d'Émile Benveniste
(PAP. OR., boîte 58, env. 249, f° 151) 146

Crédits des illustrations

Illustr. 1 : © Serge Hambourg / Opale

Illustr. 2, 3, 4, 5, 6, 7, 8, 9, 10, 11, 12, 13, 14, 15, 16, 17, 18, 20, 21, 22, 23, 24, 25, 26, 27, 28, 29 : © Bibliothèque nationale de France

Illustr. 19 : © Collège de France. Archives

Table des matières

Remerciements 7

Chronologie biographique d'Émile Benveniste 9

Préface. Émile Benveniste, un linguiste qui ne dit
ni ne cache, mais signifie
Julia Kristeva 13

Introduction
Jean-Claude Coquet et Irène Fenoglio 41

Chapitre premier. Sémiologie 57
Première leçon (2 décembre 1968) 59
Leçon 2 (9 décembre) 63
Leçon 3 (16 décembre) 67
Leçon 4 (6 janvier 1969) 71
Leçon 5 (13 janvier) 77
Leçon 6 (20 janvier) 81
Leçon 7 (27 janvier) 85

Chapitre 2. Langue et écriture 89
Leçon 8 (3 février 1969) 91
Leçon 9 (10 février) 97
Leçon 10 (17 février) 101

Leçon 11 (24 février) 107
Leçon 12 (3 mars) 113
Leçon 13 (10 mars) 117
Leçon 14 (17 mars) 121
Leçon 15 (24 mars) 127

Chapitre 3. Dernière leçon, dernières notes ....
Première leçon (1ᵉʳ décembre 1969) 139

Annexes
Annexe 1. Bio-bibliographie d'Émile Benveniste
Georges Redard 151

Annexe 2. Les papiers d'Émile Benveniste
Émilie Brunet 175

Postface. Émile Benveniste, le destin d'un savant
Tzvetan Todorov 181

Index 197

Table des illustrations 205

Crédits des illustrations 207

DANS LA MÊME COLLECTION

Françoise Héritier
L'Exercice de la parenté
1981

Gershom Scholem
Du frankisme au jacobinisme
La vie de Moses Dobruska,
alias *Franz Thomas von Schönfeld*
1981

Francis Zimmermann
La Jungle et le Fumet des viandes
Un thème écologique dans la médecine hindoue
1982

Pierre Vilar
Une histoire en construction
Approche marxiste et problématiques conjoncturelles
1982

Robert Darnton
Bohème littéraire et Révolution
Le monde des livres au XVIIIe siècle
1983

Albert O. Hirschman
L'Économie comme science morale et politique
1984

Colloque de l'École des hautes études
en sciences sociales
L'Allemagne nazie et le Génocide juif
1985

Jacques Julliard
Autonomie ouvrière
Études sur le syndicalisme d'action directe
1988

Edward P. Thompson
La Formation de la classe ouvrière anglaise
1988

Marshall Sahlins
Des îles dans l'histoire
1989

Maurice Olender
Les Langues du Paradis
Aryens et Sémites : un couple providentiel
1989 ; « Points Essais », n° 294, 1994

Claude Grignon et Jean-Claude Passeron
Le Savant et le Populaire
Misérabilisme et populisme en sociologie et en littérature
1989

Colloque de la Fondation Guizot-Val Richer
François Guizot et la Culture politique de son temps
1991

Richard Hoggart
33, Newport Street
Autobiographie d'un intellectuel
issu des classes populaires anglaises
1991

Jacques Ozouf et Mona Ozouf
avec Véronique Aubert et Claire Steindecker
La République des instituteurs
1992

Louis Marin
De la représentation
1994

Bernard Lahire
Tableaux de famille
Heurs et malheurs scolaires en milieux populaires
1995

Jacques Revel
(textes rassemblés et présentés par)
Jeux d'échelles
La micro-analyse à l'expérience
1996

Silvana Seidel Menchi
Érasme hérétique
Réforme et Inquisition dans l'Italie du XVIe siècle
1996

Michel Foucault
« Il faut défendre la société »
Cours au Collège de France 1975-1976
1997

Reinhart Koselleck
L'Expérience de l'histoire
1997

Michel Foucault
Les Anormaux
Cours au Collège de France 1974-1975
1999

Hervé Le Bras
Naissance de la mortalité
L'origine politique de la statistique et de la démographie
2000

Michel Foucault
L'Herméneutique du sujet
Cours au Collège de France 1981-1982
2001

Alphonse Dupront
Genèse des temps modernes
Rome, les Réformes et le Nouveau Monde
2001

Carlo Ginzburg
Rapports de force
Histoire, rhétorique, preuve
2003

Michel Foucault
Le Pouvoir psychiatrique
Cours au Collège de France 1973-1974
2003

Michel Foucault
Sécurité, Territoire, Population
Cours au Collège de France 1977-1978
2004

Michel Foucault
Naissance de la biopolitique
Cours au Collège de France 1978-1979
2004

Roger Chartier
Inscrire et effacer
Culture écrite et littérature (XIe -XVIIIe siècle)
2005

Michel de Certeau
Le Lieu de l'autre
Histoire religieuse et mystique
2005

Paolo Prodi
Christianisme et monde moderne
2006

Michel Foucault
Le Gouvernement de soi et des autres
Cours au Collège de France 1982-1983
2008

Michel Foucault
Le Courage de la vérité
Le Gouvernement de soi et des autres II
Cours au Collège de France 1984
2009

Pierre-Michel Menger
Le Travail créateur
S'accomplir dans l'incertain
2009

Didier Fassin
La Raison humanitaire
Une histoire morale du temps présent
2010

Michel Foucault
Leçons sur la volonté de savoir
Cours au Collège de France 1970-1971
suivi de *Le Savoir d'Œdipe*
2011

Yan Thomas
Les Opérations du droit
2011

Émile Benveniste
Dernières Leçons
Collège de France 1968-1969
2012

Michel Foucault
Du gouvernement des vivants
Cours au Collège de France 1979-1980
2012

Gérard Lenclud
L'Universalisme ou Le Pari de la raison
2013

Stéphane Audoin-Rouzeau
Quelle histoire
Un récit de filiation (1914-2014)
2013

Michel Foucault
La Société punitive
Cours au Collège de France 1972-1973
2013

Michel Foucault
Subjectivité et Vérité
Cours au Collège de France 1980-1981
2014

RÉALISATION : NORD COMPO À VILLEUNEUVE-D'ASCQ
IMPRESSION : CPI FIRMIN DIDOT AU MESNIL-SUR-L'ESTRÉE
DÉPÔT LÉGAL : AVRIL 2012. N° 107197-3 (123224)
Imprimé en France